¡PLANIFICANDO MI GOL DE victoria!

¡PLANIFICANDO MI GOL DE

victoria!

Dr. Rev. Daniel González Álvarez

Número de Control de la Biblioteca del Congreso de EE. UU.: 2023903985
ISBN: Tapa Blanda   978-1-5065-4985-9
                 Libro Electrónico   978-1-5065-4986-6

Información de la imprenta disponible en la última página.

Fecha de revisión: 06/03/2023

Para realizar pedidos de este libro, contacte con:
Palibrio
1663 Liberty Drive, Suite 200
Bloomington, IN 47403
Gratis desde EE. UU. al 877.407.5847
Gratis desde México al 01.800.288.2243
Gratis desde España al 900.866.949
Desde otro país al +1.812.671.9757
Fax: 01.812.355.1576
ventas@palibrio.com
850175

Índice

Índice

Prólogo

El ser humano del siglo XXI vive molido por una gigantesca maquinaria: la de la globalización, la de una economía de mercado que se alejó de los principios cristianos y que ha generado un consumismo devorador, una competencia destructiva; o también de economías cerradas y emergentes, que impiden el normal crecimiento integral de las personas. El ser humano posmoderno vive estrangulado por una perversa cultura globalizada y masificada que lo reduce a ser un número más, una entidad que se disuelve en la masa; una cultura que, a la vez, exacerba el egoísmo y el ultraindividualismo, el "sálvese quien pueda", la competencia desleal, el arribismo inhumano, que busca victorias individuales a costa del prójimo, en una especie de aplicación de la darwiniana "supervivencia del más fuerte". Y entonces las necesidades espirituales y emocionales, multiplicadas infinitamente, van demandando respuestas desesperadas, soluciones inmediatas.

Como resultado de lo anterior, en este mundo que vivimos, en esta época tan compleja y convulsa, muchas voces se levantan con la intención de mostrar caminos. Ofrecen, a veces, fórmulas para el éxito, soluciones mágicas para la felicidad. En otras ocasiones, fluyen consejos bien intencionados, más o menos acertados, extraídos de determinadas experiencias personales, de la sabiduría popular, de creencias y corrientes de pensamiento orientales o aborígenes, de las variadas religiones que pululan en nuestro planeta... Incluso, hay en la actualidad pospandémica un fuerte movimiento que pretende un retorno a la filosofía grecorromana, particularmente la estoica, para vivir bien y tener éxito. Los libros de autoayuda ocupan, por tanto, los primeros lugares en la lista de bestsellers. Usted ya conoce el estilo de títulos como "Cinco pasos para éxito", "Los diez mandamientos para ser felices", y muchos más... Incluso dentro de la literatura cristiana evangélica proliferan las obras motivacionales, algunas solo con un barniz bíblico; otras, con sólido fundamento en la verdad revelada en las Escrituras.

Y ahora aparece este libro; este que tiene usted entre sus manos. Uno mira el título "Planificando mi gol de la victoria", y se pregunta: ¿Una obra más dentro de la literatura motivacional? ¿Una pieza más de las tantas que proliferan en el mundo editorial de autoayuda, tanto evangélico como secular?

¡No se confunda! Basado en su profunda experiencia personal, su conocimiento de la Palabra de Dios, y su relación con el Dios de la Palabra, el único Dios verdadero, el pastor y maestro Daniel González Álvarez desgrana esa sabiduría del Señor, que nos marca el rumbo para una vida plena y victoriosa, para alcanzar las metas trazadas y obtener nuestro "gol de la victoria". Lo hace entretejiendo el contenido bíblico, meditado a lo largo de los años, con sus vivencias de fe y esperanza, de espera y de acción, de confianza completa en Aquel que un día, allá en su amada isla de Cuba, lo llamó a salvación y al servicio pleno en la Obra del Señor.

Daniel González Álvarez no ofrece fórmulas mágicas, ni recetas hechas, ni estrechos moldes interpretativos. No obstante, con tres palabras condensa, como esos extractos de perfumes caros, los pensamientos que perfilan un modelo bíblico: VISIÓN, FE, DESCANSO.

Visión de Dios y de uno mismo como hecho a imagen y semejanza del Creador. Visión que nos confiere identidad y que nos proyecta a percibir y aprehender el sublime y maravilloso propósito del Señor para la vida personal: un propósito que trasciende los límites temporales de lo terrenal y penetra en el vasto océano de la Eternidad.

Fe que permite desplegar las alas y volar, como el águila imperial, hacia las alturas de los collados eternos. Fe en el Señor y en su Palabra; fe en lo que Él ha puesto en cada uno de nosotros, para ser lo que somos en nuestra esencia humana, y para hacer lo que Él desea que hagamos. Una fe que lleva a depender absolutamente de la soberanía, la gracia y la providencia de Dios.

Una fe, también, que lleva al descanso. Porque "descanso" es la última palabra: descanso en medio del camino, cuando se alcanzan metas intermedias; descanso cuando se llega al final de ese camino y uno exclama como el apóstol Pablo: "He peleado la buena batalla, he acabado la carrera, he guardado la fe".

Cuando se repase el trayecto transcurrido, y se evalúe el desempeño de nuestro andar, ¿podremos descansar seguros de que no dejamos detrás nuestro los "cadáveres" de "mártires" de nuestras malas acciones, marcadas por "el fin justifica los medios"? Esto es lo que plantea el autor. No puedo resistir la tentación de adelantarle algunas de sus palabras, agudas, certeras, hasta en cierto modo lapidarias: "Regresar solo a casa no redunda en éxito, contar mártires no implica éxito, sentarse solo en la mesa tampoco es éxito, es egoísmo. Contar el tesoro personal a escondidas, y carecer del orgullo de un equipo también triunfador no es éxito. Nuestros triunfos se traducen en insulto cuando nos impiden mirarnos en el espejo. ¡Haga héroes no mártires! Si usted pretende usar, iníciese dejándose usar."

Todavía plantea algo más. Cuando estemos en esa anhelada cima, ¿podremos bajar nuestros ojos y mirar al valle que dejamos atrás, a la cuesta que nos tocó subir, para acordarnos de los que continúan avanzando, luchando por alcanzar también la meta, para obtener su propio gol de la victoria; para ayudar a los que siguen nuestro liderazgo y nos ven como ejemplo y guía? Finalmente, ¿estaremos en condiciones de evaluar nuestro desempeño, de rectificar lo mal hecho, de enderezar lo torcido, de asumir la responsabilidad propia, de disfrutar sabiamente los logros y la estabilidad del estado adquirido?

Daniel y yo nos conocemos desde nuestra infancia. Nuestros padres fueron pastores y compañeros de milicia allá en la Cuba de los años más duros para la fe cristiana. Los años han consolidado una fraterna amistad que nos bendice. Para mí, es una honra prologar este libro y presentarlo al lector, cuyo corazón, sin duda alguna, será movilizado a buscar su propio gol de la victoria, siguiendo el soberano y perfecto modelo de Dios, y no los egoístas y limitados moldes humanos.

Alba Lys Llanes Labrada
Lago Puelo, Provincia del Chubut,
República Argentina.
22 de febrero de 2023.

Agradecimientos

Quiero y necesito agradecer primeramente a Dios por su dirección, su soberana y providencial asistencia, ¡Sin su presencia jamás lo habría logrado! En momentos muy tristes de mí vida e historia, cuando nada en mi era interesante, el desasosiego y la desesperanza se imponían como el pan diario, *la gracia salvadora y providencial de Dios fue más que suficiente*, su auspicio y soberana fidelidad me emanciparon de la profunda e intensa zozobra y la cruel frustración con su aliada la amargura. Creo tener razones y vivencias más que suficientes para decir, junto al salmista:

"A no haber estado Jehová por nosotros,
Diga ahora Israel;
² A no haber estado Jehová por nosotros,
Cuando se levantaron contra nosotros los hombres,
³ Vivos nos habrían tragado entonces,
Cuando se encendió su furor contra nosotros.
⁴ Entonces nos habrían inundado las aguas;
Sobre nuestra alma hubiera pasado el torrente;
⁵ Hubieran entonces pasado sobre nuestra alma las aguas impetuosas.

xi

⁶ Bendito sea Jehová,
Que no nos dio por presa a los dientes de ellos.
⁷ Nuestra alma escapó cual ave del lazo de los cazadores;
Se rompió el lazo, y escapamos nosotros.
⁸ Nuestro socorro está en el nombre de Jehová,
Que hizo el cielo y la tierra." (Salmo 124)

Y nuevamente repetir:

"Jehová es mi Pastor; nada me faltará." Salmo 23:1.

Necesito, además, agradecer desde lo profundo de mi alma a los muchos *héroes del incógnito* que convirtiéndose en los útiles providenciales de Dios me ayudaron a llegar hasta aquí, me siento definitivamente endeudado con ellos. Siendo *Joel Tamayo* y su amada esposa *Emma,* mis hermanos y amigos, ellos fueron los útiles divinos para moverme de Cuba a Centro América y desinteresadamente recibirme en su hogar, muchas gracias mis amados hermanos.

Necesito agradecer a todos los hombres y mujeres de Dios en mi bello país natal, Cuba, que sin esperar nada a cambio cooperaron financieramente para que yo lograra tamaña meta, salir de Cuba.

Agradezco profundamente a mi hermana, amiga y consierva en el Señor, *Dra. Revda. Alba Lys Llanes Labrada,* Profesora en la *"Universidad Cristiana Internacional Verbo-Visión Mundial"* y en el *"Instituto Bíblico Patagónico"* por la redacción del prólogo.

Muy en especial agradezco a mi querida, paciente y fiel esposa *Gricelda Saavedra.* Agradezco las interminables horas que debió estar sola en la esperanza de que este libro pudiera ser una realidad. Agradezco todo el ánimo que me ha impartido y el desafío que ha significado para continuar sobriamente un tramo más de la jornada, ¡Sin ella jamás lo habría logrado!

Agradezco profunda y muy sinceramente por los muy disímiles enemigos que hicieron difícil la jornada, penosas las decisiones, definitivas las rupturas, fueron ellos el cincel de la historia para precipitar mejores hallazgos, empinarme hacia mejores metas, descubrir mejores métodos y aceptar mis mayores desafíos, muchas gracias, fueron ellos el peldaño del momento, el método de Dios para sacar lo mejor de mí.

La realidad es que los adversarios definen no solo nuestras victorias, pero también nuestros logros, los primeros adversarios de David no pasaban de ser el oso y el león, es que él solo era un simple pastor de ovejas, próximamente su enemigo fue el gigante Goliat, pues había dejado de ser un simple pastor de ovejas para iniciar su debut como parte del ejército real y por fin, dejando de ser Goliat un adversario, su nuevo enemigo era el mismo rey, es que el antiguo pastor de ovejas se estaba perfilando como el nuevo rey de la nación.

Es así como decimos que el que no tiene *discrepantes* es porque tampoco tiene desarrollo, el que no tiene *enemigos* es porque tampoco tiene carácter, pero, además, si siempre tiene los mismos *adversarios,* entonces carece de crecimiento dinámico y sustancial ¡Cuénteme quienes son sus adversarios y sabré cuanto está usted prosperando o que tanto está atrasando!

Agradezco, en fin, todas estas interminables décadas de incuestionable quebranto, inflexible dolor y penosa incomprensión. El menoscabo, el hambre, la soledad y la falta de techo, entre otras muchas cosas, fueron el instrumento que

Dios usó para hacerme lograr mi propio "*Gol de Victoria*". Me hicieron más fuerte, no puedo más que estar intensamente agradecido de Dios por tanto cuidado y tanta providencia y en el hoy reconocer que absolutamente todo fue parte del proceso, todo fue absolutamente necesario, porque el que no conoce el sabor de las lágrimas sin aún desistir de la batalla empeñada tampoco puede calificar el tamaño de una victoria, es que la excelencia de un logro siempre estará en correspondencia con la historia que ostenta tanto como por lo escabroso del camino recorrido.

Dedicatoria

Tengo muchos a los que humildemente quiero dedicar esta obra, reflejo de mi experiencia personal y de mi andar con Dios.

Lo dedico a mi querida esposa *Gricelda Saavedra*, por toda su paciencia y sus desafíos, por toda su dedicación y por toda su confianza.

Lo dedico a mis queridos hijos todavía en Cuba *Lemuel* y *Lisanias González*, ellos han sido mi gran tesoro y también mi callada añoranza.

Dedico esta modesta presentación de *"Planificando mi Gol de Victoria"* a todos los que muy sinceramente, pero sin recursos aparentes, se empeñan en triunfar, a los sin equipo, pero con gran corazón y excelente mano abierta.

Lo dedico a los muy pocos que aún se deleitan en dar misericordia y ofrecer una mano amiga sin la expectativa de una recompensa posible, a los que no se inclinan ante lo artificial, pero se enternecen ante la necesidad y aman la generosidad.

Lo dedico en fin a los que en objetiva y comprometida dinámica se preparan para escuchar el "...*Bien, buen siervo y fiel; sobre poco has sido fiel, sobre mucho te pondré; entra en el gozo de tu señor.* " Mateo 25: 21

Autor Dr. Rev. Daniel González Álvarez

Introducción

No podemos ni tampoco debemos interpretar el *éxito* como evento aislado o acción casual predestinado a una elite social desde lo eterno seleccionada. No podemos ni tampoco debemos interpretar la cima como oráculo monopolizado de autoría limitada, colofón restringido, firma patentada y copias sin permiso del autor penalizadas. Tampoco queremos ni podemos interpretar el *"Gol De la Victoria"* como golpe de suerte carente de coherencia con la vida misma como un todo.

Es que el éxito solo se puede descubrir en el laboratorio de la vida y fabricar en el inalienable compromiso personal conmigo mismo, con mi entorno y vivencias, con mis metas fría y previamente calculadas, mi profunda capacidad para ocultar mis lágrimas y lucir la máscara de mi mejor sonrisa, también ocultar mis estrategias, porque el que descubre sus métodos no debería asustarse cuando se lo roben.

Es que el *éxito,* no es resultado de una herencia *genético-familiar,* tampoco el espíritu de éxito se puede reducir a los *esquemas bien aprendidos* de una cátedra bien grabada, no es posible fabricar un triunfador al través de una terapia impartida por el mejor de los psicólogos, tampoco es posible lograrlo con y en clichés ajenos, carecería de autenticidad, originalidad y ética, ello no pasaría de ser más que una efímera y circunstancial mascara social llamada a desmoronarse en el primer escollo, por falta de originalidad.

"El Gol de Mi Victoria", el éxito rotundo que me permite aplaudirme a mí mismo mientras disfruto definitivamente del aplauso de mi familia y la complicidad de mis entonces amigos, porque triunfar incluye estar preparado para sin resentimientos recibir los muy disímiles amigos tardíos, será *resultado de haber descubierto quien soy para que soy y hacia dónde voy.*

Nos proponemos en esta primera presentación, *"Planificando mi Gol de Victoria"* mostrar la relación coherente entre:

- *Visión clara*
- *Fe profunda y*
- *Descanso en la Cima*

Permítame el lector paciente muy escuetamente definir la idea detrás de cada concepto.

- *Visión clara*

Una visión clara de mí mismo será el primer paso a definir prioridades tan rotundas como cualquier axioma matemático. En el descubrir de quién soy, para que soy y hacia dónde voy, se establece lo objetivo de mi visión *tanto como los rieles de la fe,* motor impulsor de la victoria. Lo contrario a ello es ser repetitivos, circunstanciales, fluctuantes y efímeros.

- *Fe profunda*

Al hablar de *Fe*[1] significo y comprometo el término en su justa semántica, *progreso, desarrollo y maduración* de un auténtico crecimiento espiritual. No es esta una fe inerte, dependiente de eventos tan fugases como peregrinos, propia de la inmadurez espiritual del que nace espiritualmente, pero nunca crece y jamás madura. Esta dimensión de Fe más que pedir ofrece, no se limita a esperar porque es dinámica y comprometida y en tal sentido está apta para colaborar, comprometerse y caminar con pies propios, objetivos claros y fidelidad garantizada; *"Fidelidad"* a mí mismo y entonces al Dios de palabra empeñada rotundamente comprometida con un hombre que se ha autodescubierto y ha decidido jamás autotraicionarse.

– *Descanso en la Cima*

Al hablar de descanso en la cima inferimos la actitud serena, ecuánime y segura del que habiendo madurado durante el proceso mismo de su muy esperada cosecha, ha creado todas las condiciones pertinentes para jamás perder lo ya alcanzado.

Descansar en y con sus logros sin el temor que estos mismos se tornen en sus verdugos es derecho de los que siempre se reservaron la prerrogativa de ser auténticos, pues ello habla de honestidad con usted mismo, descansar en y con las metas logradas siempre será la mayor recompensa de los que jamás olvidaron sus raíces, sus héroes anónimos y su historia, pues ignorar la historia es estar condenado a repetirla.

---

[1]   Del Hebreo Veterotestamentario *'âman, bâṭach, châsâh, yâchal, qâvâh,'ĕmûnâh.*

Permítame, previo a nuestra primera lección, incentivarlo a adquirir los demás volúmenes que en correspondencia con esta misma temática estaremos presentando e iniciar nuestro primer asunto con la siguiente máxima:

"Éxito no es maná que cae del cielo, ni herencia milagrosa que traen algunos inherentes en la sangre, tras cada idea que cristaliza o persona que triunfa, existen millones de segundos, miles de minutos, *cientos* de horas robadas al placer y al descanso, éxito es sinónimo de esfuerzo y sacrificio".

Lamento mucho reconocer que tras el aparente éxito en materia de comfort, publicidad y excelente preparación académica se esconden muchísimas almas solitarias, manipuladas, frustradas y defraudadas para nada ejemplo de éxito y realización. Soy testigo amén de actor en la trama campestre de uno de los países más pobres del Caribe, con sumo placer e intenso honor durante largos años he gustado de la compañía, amistad y concurso desinteresado de amigos que sometidos al escrutinio público carecen de todo lo menester para considerarse exitosos; nada de comfort, cero publicidades, pobre preparación académica, pero propietarios por derecho propio de la lozanía que solo pueden exhibir los más grandes triunfadores.

Es que éxito es el resultado lógico de la muy planificada batalla de cada día para lo cual es inexorablemente necesaria una visión clara, objetiva y definitiva de quien soy a partir de lo cual no puedo ni quiero ser nada más; pues estoy seducido, identificado y comprometido con mi propia autenticidad original e irrepetible más que con la falacia del costumbrismo, la imitación y lo efímero.

Si al cuidadosamente leer el presente volumen se siente aludido, le aseguro que no tenemos la intención de hacerle sentir mal. Sucede que nadie es infalible al yerro, tampoco usted, pero es muy importante asumirlos con entereza, pues toda acción desacertada merece la debida rectificación. Nunca se ha alejado tanto como para no poder regresarse e iniciar de nuevo la jornada, nunca se ha equivocado tanto como para no poder rectificar y aprender de sus yerros.

Su vida para nada es un ensayo, ella es su debut obra maestra y también su retiro, descubrirla, asumirla y vivirla planificada, auténtica y originalmente es todo un imperativo.

Capítulo No. 1
¡Quién soy y cuál es mi visión!

Introducción

Al hablar de la visión que logra definitivos éxitos me refiero al tipo de iluminación intelectual provocada sin existencia de imagen alguna. Imagen que de manera sobrenatural se percibe por representación y que careciendo de realidad alguna estimula la fantasía y se toma por verdadera. Juega en ello un papel fundamental la autoestima[2] amén del conocimiento, aceptación y compromiso con mis raíces más autóctonas, pues por ellas existo y a ellas me debo.

Igualmente, importante es destacar la diferencia entre los traumas[3] sociales y personales y mi visión; pues ellos de manera muy directa estarán comprometidos en desviar mi atención de lo real a lo ficticio, de lo perdurable a lo insustancial y como resultado el soñador no rebasa la posición de muy relativo romántico e ilusoria víctima de él mismo

---

[2]   Valoración de uno mismo

[3]   Choque emocional que produce una impresión intensa y duradera en el subconsciente de una persona

y del convencionalismo, la cosmovisión y los paradigmas ajenos.

Pero, además, será premisa absoluta de todo conquistador equilibrada y sanamente visionar, respetando su historia tanto como su autenticidad personal. Además, profundo y sano respeto por lo que muy internamente y a pesar del convencionalismo[4] se sabe ser y en ese profundo respeto a mí mismo, a lo que he sido y también a lo que descubro que internamente soy, *(muy a pesar de lo que todos puedan suponer que soy),* **planificar** objetivamente "Mi Gol", **visionar** mi meta y **definir** mi batalla.

Es también de vital importancia interiorizar principios de comportamientos éticos que honren nuestra batalla tanto como nuestra meta pues el éxito, el triunfo y la realización personal siempre serán muy buenas noticias, solo que es demasiado injusto lograrlos a expensas del servilismo[5], la manipulación, el sufrimiento y el fracaso de los demás.

Permítame presentar los objetivos de este primer capítulo.

<u>Propósito</u>

1. Debo entender que no soy un simple y fortuito[6] accidente genético, soy el resultado de un milagro creador.

2. La visión más interesante que una persona pueda tener resultará de descubrirse, perdonarse, aceptarse y determinar sus prioridades, (sé quién soy y para que soy y hacia dónde voy, no quiero ser nada más).

---

[4] Ideas o costumbres que se aceptan o practican por comodidad, acuerdo o conveniencia social
[5] Tendencia exagerada a servir o satisfacer ciegamente a una autoridad
[6] Que sucede inesperadamente y por casualidad

3. Visión introspectiva, retrospectiva y proyectiva son garantía de objetividad, transparencia, sanidad emocional, perdurabilidad y equilibrio. ¡No puede soñar eternamente sangrando por sus heridas!

Cuando hablamos, enseñamos o simplemente escribimos sobre la visión, preámbulo de ese Gol de triunfo final definitivo y rotundo, para nada estamos significando complejo elitista, prejuicio[7] de pedestal, vendetta[8] al plato, o el capricho del último minuto, pues ello es sinónimo de inmadurez dinámica y emocional y los inmaduros deben primero crecer emocionalmente para luego descubrir que realmente están llamados a ser y cuál es su vocación.

Es pues la madurez, aquella virtud que enfrenta el tormento, la queja, la zozobra y el quebranto en un inalienable grito de batalla a liberar en el inviolable santuario de la mente, oráculo de nuestra visión. El apóstol Pablo en su segunda carta a los Corintios expone:

"...de buena gana me gloriaré más bien en mis debilidades, para que repose sobre mí el poder de Cristo" 2 Corintios 12:9.

La madurez se limita de sobrevalorar las circunstancias adversas cualesquiera que estas sean para enfocarse en el objetivo final. Nuevamente, el apóstol a los gentiles acentúa:

---

[7] Prejuicio- [pre'xwiθjo] opinión en general negativa sobre algo formada sin motivo o conocimiento & Juicio u opinión preconcebida que muestra rechazo hacia un individuo, un grupo o una actitud social

[8] [se pronuncia aproximadamente 'vendeta'] s. f. Venganza. Estado de enemistad producido por una muerte o una ofensa y que se transmite a toda la familia de la víctima. Venganza de un asesinato por medio de otro asesinato entre dos clanes

*"Pero de ninguna cosa hago caso, ni estimo
preciosa mi vida para mí mismo, con tal que
acabé mi carrera con gozo, y el ministerio que
recibí del Señor Jesús, para dar testimonio
del evangelio de la gracia de Dios. " Hechos
20:24.*

Un alto nivel de madurez y compromiso inherente a Job
le impele a exclamar *"Yo sé que mi Redentor vive, y al fin se
levantará sobre el polvo;"* Job 19:25 o simplemente aseverar
"He aquí, aunque él me matare, en él esperaré; " Job 13:15.

Madurez es ostentada por Nehemías cuando en
circunstancias bien particulares resplandece en un alto nivel
de confianza en el Dios de la historia tanto como en su
capacidad particular de dependencia y arenga:

*"...El Dios de los cielos, él nos prosperará,
y nosotros sus siervos nos levantaremos
y edificaremos, porque vosotros no tenéis
parte ni derecho ni memoria en Jerusalén."*
Nehemías. 2:20.

Éxito es entonces el resultado de aguerridos hombres
y mujeres que se creyeron capaces de cambiar el rumbo
de la historia, su historia, sin importar el costo pues toda
visión sobrelleva intrínsecamente un alto costo, *¡A cambio de
nada no hay nada!* Es así como cada individuo es producto
de sus propios pensamientos pues de la reacción y actitud
que alimente frente a las disímiles situaciones y vivencias
dependerán los resultados, *¡La excelencia resulta del
incansable esfuerzo por mejorar!*

Repetimos entonces, *complejo elitista, prejuicio de
pedestal, vendetta al plato*, o el capricho del último minuto

nunca serán el incentivo plausible para una visión objetiva y lograble. Estos sentimientos no se pueden estudiar desde el lente de los triunfadores, prefiero observarlos como la cuerda del fracaso.

Me propongo, aunque en apretada sentencia, a continuación, explicar lo que por cada uno de estos términos significo, tanto como sus connotaciones negativas en lo que a nuestra realización personal se refiere.

Complejo Elitista

Sucede que vivimos en una tan alocada como confusa sociedad de consumo donde todos desean ser de los grandes porque se aplaude solamente a los que la sociedad califica como grandes. ¡Cuánto tienes cuanto vales, nada tienes, nada vales! Todos quieren ser maestros, nadie quiere ser alumno, todos quieren hablar, nadie quiere escuchar, todos desean ser líderes, nadie desea ser equipo, todos desean ser aplaudidos, a nadie le gusta aplaudir a otros. Ese es el trauma social propio de una generación confundida y neurótica[9], gesta consumo, arrogancia y soberbia, siendo que el hombre vale por lo que tiene y no por lo que es, el derecho a lo simple, lo natural, tanto como a la modestia carecen de pleitesía[10] pública.

Es que por naturaleza adámica tendemos a la inconformidad, el hombre demostró ser inconforme hasta en el huerto del Edén, y en correspondencia con ello planifica

---

[9]   Relativo a la neurosis. Se aplica a la persona que padece neurosis: los enfermos neuróticos sienten angustia y ansiedad sin ninguna causa real que justifique estos sentimientos. Se aplica a la persona que siente una obsesión o una manía exagerada. Se aplica a la persona que se muestra excesivamente nerviosa o excitada en ciertas circunstancias.

[10] Pleitesía - **Muestra** de reverencia y cortesía que se hace a una persona

su dinámica sin otro interés más que la ostentación, la vana gloria, el hedonismo y la soberbia, la gran batalla por ser reconocido y aplaudido cuando no por las masas a lo menos por su ego[11] propio frente al espejo.

En consecuencia, lo relativo profana el oráculo de lo absoluto; el último carro, la mejor residencia, las mejores instalaciones, el mejor televisor y los vestidos más costosos, sencillamente nos avergonzaríamos de todo lo que llamamos natural, simple, modesto y repetitivo.

El televisor debo cambiarlo siempre que el mercado ostente uno nuevo, mi carro debe siempre ser del último modelo y al caminar en las calles debo erguirme con la arrogancia propia del que lucra a la última moda.

El espíritu de altruismo[12], la capacidad de servicio desinteresado al prójimo cualquiera que este sea, y el inmenso placer de la hospitalidad, son definitivamente sustituidos por la voluptuosidad, la vana gloria, la ambición y el enfermizo deseo de lucro muy a pesar de… Los resultados de tal estilo de vida son ansiedad, resentimiento, frustración, endeudamiento, desasosiego y pérdida total de los valores. No es posible tomar como meta personal los reclamos de una sociedad sin frenos, no es posible empeñarse en satisfacer la medida total de una sociedad de alto consumo, sin con ello también acreditarse la deuda que tal sociedad ostenta.

---

[11]   El yo individual, considerado en su aspecto consciente. Se ocupa de la realización de las actividades psíquicas y del control de los impulsos del ello para adecuarlos a las posibilidades de la realidad externa. Aprecio excesivo de alguien por sí mismo. Valoración excesiva de uno mismo: su ego le impide reconocer que se ha equivocado de nuevo.

[12]   Actitud o característica de la persona que pretende conseguir el bien de los demás de manera desinteresada, generalmente realizando una labor social o humanitaria & esmero y complacencia en el bien ajeno, aun a costa del propio.

Este alocado y traumático espíritu competitivo y elitista que obedeciendo a los reclamos de nuestra cultura posmoderna, donde todos reclaman derechos y nadie asume deberes, sustituye lo natural por lo artificial, lo genuino y autóctono por la efímera falacia de la imitación y el lucro banal y solapadamente mina nuestra dinámica en detrimento absoluto de nuestra naturalidad, ello produce deterioro familiar, financiero, emocional y cristiano. Esto es crisis social, no es desarrollo, es frustrante y vertiginoso atraso, no es cultura, es el animalismo propio de una sociedad inconforme con lo que su creador le prodigó y en acción continuada y rebelde construye su propia máscara reproduciendo la misma dolorosa tragedia del Edén.

El único adjetivo que tenemos para describir esta desgastante batalla elitista que sacude nuestra sociedad de consumo es "trauma" resultado de la anarquía[13] y neurosis universal. Complejo elitista no es un sueño, es un vertiginoso, sistemático e integral fracaso; antídoto[14] efectivo para él, encontramos en los más profundos principios de la didáctica, consejería y comprometida dinámica de Cristo; su concepto de grandeza, ideales de vida y compromiso con los desorientados; tan elocuente ejemplo de vida explota

---

[13] Desorganización en un organismo por falta de una autoridad. Falta de todo gobierno en un estado. Perturbación de la vida pública por ausencia o relajación de la autoridad
[14] Sustancia que contrarresta o anula la acción de un veneno. Medio para evitar o prevenir un mal físico o moral

en un profundo reconocimiento en los labios de Napoleón Bonaparte[15], cuando asegura:

"¿Que abismo existe entre mi profunda desgracia y el Reino Eterno de Cristo; ¡yo funde por la guerra, él fundó por el amor![16]"

Si aunáramos en sentencia apretada las máximas de los más eminentes sociólogos del universo, y usando de la más terminada corrección científico lingüista, la liberáramos de todo exceso de verbalismo de manera que solo quedara un breve concentrado de ciencia pura, sólo lograríamos un muy deplorable paralelo con la terapia que Jesús acostumbraba administrar como antídoto para la prepotencia, el deseo de ostentación y falsa grandeza:

"El que es el mayor de vosotros, sea vuestro siervo". Mateo 23:11.

En sus discursos encontramos el indiscutible remedio para nuestros atribulados espíritus:

"[2]Y abriendo su boca les enseñaba, diciendo:

[3]Bienaventurados los pobres en espíritu, porque de ellos es el reino de los cielos.

---

[15]   Napoleón Bonaparte Fue un general y gobernante francés del siglo XVII y XIX. Nació el 15 de agosto de 1769 en Córcega y murió el 5 de mayo de 1821 en la isla de Santa Elena. Conocido por llegar a conquistar y controlar la mayor parte de Europa occidental mediante una avanzada y agresiva estrategia militar y de alianzas.
[16]   Tomado de: Lo Que Dijo Napoleón de Cristo, por Napoleón Bonaparte, (1769-1821) último párrafo

⁴*Bienaventurados **los que lloran**,* porque ellos recibirán consolación.

⁵*Bienaventurados **los mansos**,* porque ellos recibirán la tierra por heredad.

⁶*Bienaventurados **los que tienen hambre y sed de justicia**,* porque ellos serán saciados.

⁷*Bienaventurados **los misericordiosos**,* porque ellos alcanzarán misericordia.

⁸*Bienaventurados **los de limpio corazón**,* porque ellos verán a Dios.

⁹*Bienaventurados **los pacificadores**,* porque ellos serán llamados hijos de Dios.

¹⁰*Bienaventurados **los que padecen persecución por causa de la justicia**,* porque de ellos es el reino de los cielos.

¹¹*Bienaventurados* sois **cuando por mi causa os vituperen y os persigan, y digan toda clase de mal contra vosotros, mintiendo**.

¹²**Gozaos y alegraos**, porque vuestro galardón es grande en los cielos; porque *así persiguieron a los profetas que fueron antes de vosotros.* ¨ Mt. *5: 2- 12.*

Prejuicio de Pedestal

Al igual que el enfermizo elitismo dinámico convencionalista, sinónimo de frustración y crisis psicosocial, el prejuicio de pedestal o añoranza por la falsa grandeza, tiende a confundirnos mixturando nuestros sueños con las expectativas populares y nuestra visión y realización personal se confunde con el criterio que el vulgo se ha hecho de cómo debemos aparentar, que debemos ser y como parecer.

Dediquemos espacio a entender, comprender e interiorizar el concepto de manera que pueda ser aplicable a nuestro paradigma, conducta y patrón particular.

Sucede que nuestro pueblo está diseñado por decirlo de algún modo, para seguir solamente a los triunfadores, todo liderazgo de masas tiene su génesis en un concepto de triunfador que voluntaria y libremente el pueblo de manera anticipada, progresiva y sistemática ha otorgado al sujeto, equipo o sociedad en cuestión. Lo contrario a ello sería dictadura, y por ello le sigue; nadie sigue a los pobres, nadie sigue a los perdedores, nadie sigue voluntariamente a los dictadores, nadie sigue a los que aparentemente nada tienen para ofrecer.

Pero este concepto de liderazgo que mueve las masas siempre va acompañado de lo que podríamos llamar convencionalismo, personalidad pública y prejuicio de pedestal, en menoscabo de la idoneidad, originalidad y finita humanidad que el líder sobrelleva como parte integral de él mismo, se trata de lo que el pueblo presupone que el líder debe ser sin importar para nada lo que este líder es realmente en blanco y negro. Violar ese pedestal en el que la sociedad ha situado un determinado liderazgo en sentido general significa perder el respeto y la consideración debida al líder.

Si hablamos del gran reformador, *Martín Lutero*, solo podemos ver lo evidentemente público, sus 95 tesis exhibidas como fundamento de la protesta, su indiscutible valor en la *Dieta de Worms*[17], verificada del 28 de enero al 25 de mayo del 1521, y su poderosa complicidad con los príncipes además del gran aporte que acredita a favor de la cultura alemana e himnología cristiana.

Presentar las particularidades de tal dimensión de liderazgo, las dudas e incertidumbres del gran reformador, sus desazones y desánimos desafiados sólo por el gran coraje de su fiel esposa Catalina Von Bora[18], daría lugar a confusión, incertidumbre y rechazo. No es posible aceptar que un médico pueda enfermarse, que un millonario tenga que pedir prestado algunos centavos o que un ministro del santo evangelio también sea flexible al yerro con profundas decepciones sociales, personales y familiares, ¡no es posible **aceptar** a un comediante triste!

El vulgo prácticamente te ha deshumanizado, ellos quieren que seas perfecto y te han situado en un pedestal y a jugar un papel que para nada escogiste ser. Jamás perdonarían que falles en este drama de inope liderazgo, tus seguidores no están condicionados para perdonarte; después de 3000+/-, años todavía no perdonamos el pecado de David.

---

[17] Dietas convocadas en Worms (Alemania) en 1076, 1495 y 1521. En la de 1521 se propuso proteger los intereses del Imperio y del catolicismo frente al luteranismo.

[18] El 13 de junio de 1525, Lutero se casa con Catalina Von Bora, una monja que dos años antes se había fugado del convento de Nimbschen, cerca de Grimma, encontrando refugio en Wittenberg. El matrimonio con Catalina, 16 años menor que él, es contraído en contra del consejo de muchos amigos que veían en él la ruina de la Reforma, Ahora, Catalina se hace cargo de la casa, sobre todo de las finanzas, que el doctor Lutero, como se cuenta, no sabía manejar. Además, demuestra ser una buena dueña de casa y hortelana.

De esta manera te encuentras atrapado en lo que el pueblo espera que seas y el líder en cuestión juega como resultado del convencionalismo el frustrante papel de payaso del pueblo más que lo que él escogió ser, esto tampoco es visión, es trauma social, no es visión, es más bien un escollo a tu visión.

Es bueno acentuar, no es menester ser líderes para que se nos exija, el prejuicio de pedestal nos afecta a todos; desde la cuna estamos marcados por las expectativas sociales. Me resulta profundamente significativa la canónica narrativa de alguien que no creció en el mundo normal. El creció en el desierto, no vestía tampoco ropa normal, vestía de piel de animales, no comía comida normal, se alimentaba con langostas y miel silvestre, nunca acostumbró usar navaja para cortar su muy nutrida cabellera, sus homilías[19] jamás comenzaron con el rigor de las grandes y muy recatadas oratorias del momento, él prefería introducir con el inconfundible clamor *"¡Generación de Víboras!"* y causo tanto alboroto que el rey le corto la cabeza por meterse en lo que no debía importarle. Al Jesús hacer alusión a tal líder explico en la muy reverente sentencia: *"Hubo un hombre enviado de Dios, el cual se llamaba Juan"*. Juan 1:6.

No acierto a comprender el trauma de pedestal, *¿Por qué nuestro pueblo pide gentes perfectas y la iglesia se convierte en el único ejército que asesina a sus aguerridos soldados caídos en batalla?* Triste de los que visionan tal dimensión de éxito, ello es sinónimo de amargo desengaño, cuando ya no puedas satisfacer las expectativas de aquellos dejarás de ser su ídolo circunstancial, su líder relativo, su triunfador

---

[19] Discurso pronunciado por el sacerdote en la misa para explicar los textos bíblicos de las lecturas que se han leído y orientar a los feligreses sobre temas morales y religiosos. Plática destinada a explicar al pueblo las materias de religión.

del momento, otro ocupara tu lugar y tu visión quedara confundida en la falacia y el aplauso público.

En tal sentido, defiendo diversidad,[20]idoneidad y privacidad ministerial y de liderazgo, retomo la sentencia planteada en mi libro, *"Recoge tu Gran Cosecha", "Me son totalmente indiferente los aplausos de la multitud enardecida si mi familia no me aplaude."*

Hablamos de desprendimiento, no puedo creer en un gran sembrador con bolsillos repletos de metales y un entorno saturado de miseria y pobreza, hablamos de transparencia, no podré lograr que alguien crea que soy perfecto, pero sí que reconozcan que soy sincero, hablamos de tiempo, comenzar es importante, pero más lo es permanecer.

Mis respetos para esos hombres de Dios que nunca fueron anunciados por la prensa, no disfrutaron de la popularidad desde el lente humano, pero fueron fieles una y otra vez. Ellos fracasaron y lo volvieron a intentar tantas veces como fue necesario, sus lágrimas abonaron la semilla *"Los que sembraron con lágrimas, con regocijo segarán."* Salmos 126:5, tales hombres merecen ser observados, su paciencia merece ser imitada, su historia puede ser repetida.

Definitivamente, prejuicio de pedestal tampoco es visión, es más bien cautiverio, servilismo, trauma, es honesto evitarlo. Me niego a aceptar cualquier meta que me prive del derecho a cometer mis propios errores y rectificarlos. Me niego a ser lo que el pueblo quiere que yo sea en deterioro de lo que soy y represento para mí y los míos, me resisto, en fin, a disolver mi naturalidad original tanto como a sacrificar mis valores más intrínsecos como ente social en la falacia de satisfacer la

---

[20]   Diferencia o distinción entre personas, animales o cosas. Abundancia y unión de cosas o personas distintas. Variedad, desemejanza, diferencia. Concurso de varias cosas distintas.

caprichosa demanda de la sociedad, quiero ser lo que descubrí que soy y lograr exactamente mi para que soy.

En tal empeño solo debo ser yo y nada más que yo, mi meta más honrosa será conquistarme a mí mismo y ser el campeón de mi propia vida he historia en renuncia total del falso, caprichoso y traicionero pedestal[21] de la aprobación pública. Me someteré a cambios necesarios en la maduración de mi ego y mi carácter, siempre y cuando estos cambios concatenen con los patrones éticos que formatean a un triunfador, porque triunfo sin ética es sinónimo de morbo.

Vendetta[22] *al Plato*

Corrían los últimos meses del 1996 y yo penosamente subsistía en los entornos de la ciudad de Camagüey en mi país natal, Cuba. Una lúgubre[23] serie de acontecimientos fatales mermaban mi autoestima diezmando mis recursos y haciéndome sentir a flor de piel todo el peso del más intenso dolor.

En apenas una semana fui testigo indefenso e impotente de la destrucción de mi familia y el fallecimiento de mi progenitora. Mi madre fue trasladada a mejor vida en el seno del Padre celestial, de modo que en el transcurso de siete días vi partir las dos cosas que más amaba, mi familia y mi madre.

De la muerte de mi madre no tuve noticias hasta dos semanas más tarde y la angustia del hijo privado del privilegio de ver a su progenitora por última vez agobiaba mi espíritu.

---

[21]   Fundamento en que se apoya o asegura algo

[22]   Del italiano, de América vindicta, desde vindicare para vengar, VINDICAR, UNA amarga disputa destructiva. Una disputa entre dos familias o clanes que surge de un asesinato y se perpetúa por los actos de represalia de la venganza, un feudo de sangre.

[23]   Que es triste y oscuro

El quebranto no terminaba aún, los muy escasos recursos materiales que me habían quedado, alguien decidió robarlos y como siempre sucede en situaciones análogas, los que ayer eran mis amigos ahora me rechazaban en el criterio de que era víctima de algún castigo de Dios.

Carecía ahora de cosas tan fundamentales como techo, abrigo y mi pan de cada día, mi vida e historia estaban cambiando rotundamente de sentido y no podía menos que ser doloroso, porque todo proceso de cambio incluye y valida en el quebranto.

Fue así como en una solitaria tarde sacudido por el dolor resultado de la impotencia y la frustración que algún antiguo amigo, cuyo nombre prefiero obviar, se acercó para susurrarme al oído una extraña sentencia: *"VENDETTA AL PLATO".*

Bueno, a decir verdad ya conocía parte de la expresión, *"VENDETTA",* de la voz italiana **ven·det·ta,** su traducción pudiera ser algo así como **"venganza"** pero jamás había escuchado una expresión semejante. Ignoraba totalmente su significado por lo que me vi impelido a preguntarle a tan extraño consejero, la respuesta no se hizo esperar, para mi auto acreditado consejero la frase podía definirse del siguiente modo:

"La mejor venganza que puedes hacer a tus enemigos es tu éxito personal" a lo que se añade el comentario, *"si logras triunfar todo el mundo vendrá a buscarte, cuanto tienes cuántos vales, nada tienes nada vales y en tal sentido el final definitivamente justifica los medios".*

Jamás pude olvidar tan inaudito[24] concepto sobre lo que es el triunfo y su no menos inmadura relación con la manipulación y la venganza.

---

[24] Que no puede ser admitido o tolerado y merece ser rechazado.

Puede estar seguro que no existe relación posible entre éxito y amargura, *no es propio del triunfador el resentimiento.* Si usted se considera exitoso solo logrará sentir conmiseración, solidaridad y benevolencia por los que por una u otra razón no lo han logrado. Si usted es un triunfador tendrá la capacidad de validar su historia, cualquiera que esta sea, como la fragua que le forjó, el camino que le condujo y en tal caso todo fue absolutamente necesario incluyendo, en ello el quebranto tanto como quebrantadores.

Gracias al rotundo rechazo del que José fue víctima en su casa paterna pudo llegar a Egipto, futura plataforma de su liderazgo. Gracias a la insidia fría y mal intencionada de la esposa de Potifar también pudo llegar a la cárcel, pues la cárcel sería su tránsito al palacio. Gracias a la hambruna de todo el imperio este joven tuvo su oportunidad para lucir sus habilidades como planificador, administrador, estratega e incuestionable líder, gracias a tan inverosímil[25] historia personal ahora estaba en el gobierno un hombre muy singular. Por su historia y vivencia propia podía entender a los rechazados, los esclavos, olvidados y presos pues esta también había sido su historia particular.

La suma total del proceso aparece definitivamente emancipada de cualquier vestigio de resentimiento. El incipiente pero muy bien formado líder reconoce a Jehová como fuerza motora de su quebranto, siendo el proceso responsable total de su madurez tanto como de su equilibrio.

Tampoco existe vestigio de tristeza, José se sabía un enviado de Dios para preservación de vidas y en tal sentido solo era posible disfrutar de un intenso raudal de paz, tengamos el placer de leer la narrativa tal y como aparece en el texto sagrado:

---

[25]   Que parece mentira o es muy difícil de creer.

"⁵Ahora, pues, no os entristezcáis, Ni os pese de haberme vendido acá; Porque para preservación de vida Me envió Dios delante de vosotros.

⁶Pues ya ha habido dos años de hambre en medio de la tierra, y aún quedan cinco años en los cuales ni habrá arada ni siega.

⁷Y Dios me envió delante de vosotros, para preservaros posteridad sobre la tierra, y para daros vida por medio de gran liberación.

⁸Así, pues, no me enviasteis acá vosotros, sino Dios, que me ha puesto por padre de Faraón y por señor de toda su casa, y por gobernador en toda la tierra de Egipto." Génesis 45:5-8

Éxito es entonces resultado de proceso y como tal incluye el dolor, la conclusión de todo resulta en modestia, humildad, espíritu de cooperación, altruismo y profunda e intensa paz, créame la venganza no es un incentivo plausible para anotarse un buen *"Gol"* recuerda tu actitud ante el agravio abre o cierra tus puertas al futuro.

No me es menester el espíritu de competencia, porque estoy seguro de quién soy y para que soy, mis talentos innatos[26] siempre estarán por encima de cualquier espíritu competitivo, no debo ni tengo que demostrar nada.

El sentimiento de venganza es equivalente a un monstruo que usted ha procurado encerrar en un pequeño closet, se asombraría de conocer cuántas personas tal vez usted mismo

---

[26] Capacidad que se posee por naturaleza, y no por la experiencia

tiene su monstruo escondido en el clóset. Es increíble la
cantidad de personas cuya visión se mueve sobre el trampolín
de un pasado doloroso o querellas pendientes, para ellas el
éxito significa poder ver al enemigo desde lo alto de una
malinterpretada meta, la realidad es frustración y el dolor
intenso esta es una visión morbosa[27] gesta un éxito morboso,
jamás podrá descansar en la cima porque ella no tiene cima
ni tampoco descanso.

Si pretende, triunfar inicie aceptando, perdonando y
sanando su pasado, perdónese y acéptese también usted,
perdone, además, a sus agresores, ellos han sido el método
de Dios para su entrenamiento personal y por último no
este resentido con Dios. Aceptar el proceso y perdonar los
agravios es derecho auténtico de los que se saben grandes,
capacidad para decidir equilibrada y sosegadamente es la
mayor demostración de sanidad, higiene mental y grandeza,
recuerde vendetta al plato, no es tampoco una visión, es
trauma.

No puedo concebir la amargura o la falta de perdón en
el corazón de una persona rotundamente realizada. Si usted
logró sus metas sólo podrá tener compasión, modestia y
perdón para los que dejo en el camino y por una u otra razón
aún no lo han logrado, es que visión clara es sinónimo de
equilibrio y también de comprensión, aceptación y perdón.

Creo que es importante, cuando procuramos establecer
nuestra visión, cuidadosamente analizar los incentivos que nos
animan y procurar incentivos sanos, lógicos y restauradores
en pro de una visión auténtica y sanadora retrospectivamente
porque ¡no es posible soñar sangrando eternamente por

---

[27] Eenfermizo, malsano, mórbido; que le atrae lo cruel, lo prohibido
o lo desagradable; Que muestra atracción por las cosas desagradables,
crueles, prohibidas o que van contra la moral.

sus heridas, no es posible soñar con un pedazo de pasado amarrado a su cintura!

Usted literalmente se asombraría de la inmensa cantidad de personas que toman por sueños lo que realmente no pasa de ser tristes pesadillas de muy mal gusto, pero además, no es posible imaginarse este ser humano, finito, pero creado a la imagen de Dios, *Imago Dei*[28], manchado y confundido por el pecado, pero con latidos de santa eternidad, carente de sentimientos, nuestra humanidad incluye y concluye de modo axiomático[29] en capacidad de sentimientos, sensibilidad que nos anima y provoca. Si como humanos se nos negara el derecho a soñar, entonces el humano desaparecería para en su lugar solo quedar un simple mueble.

Pero no limite sus sueños a las tentadoras promociones y el márquetin de la moda y el último reporte noticioso. Entienda que todos no podemos ser una estrella televisiva y los patrones de belleza de la usanza no son paradigmas universales ni patrones absolutos, ellos son relativos a las

---

[28] Se le llama "Imagen de Dios" a la marca que el Señor imprimió en el ser humano, que lo distingue de las demás obras creadas. Con esta expresión la Biblia deja claro, que nosotros, aunque somos mortales nos parecemos al Señor. Todas las teorías que se han dado para tratar de saber en qué consiste esta imagen de Dios en el hombre se pueden agrupar en tres categorías.

• **Teorías Estructurales**. Sostiene que se refiere al conjunto de cualidades físicas y psicológicas que identifican al ser humano como criatura de Dios

• **Teorías funcionales**. Sostienen que se refiere a la acción y no a la naturaleza humana

• **Teorías Formales.** Sostienen que, aunque el hombre haya sido expulsado de la presencia de Dios, no deja de tener en si la semejanza de Dios.

[29] Que es evidente e incuestionable

diferentes dinámicas culturales, amén de los intereses del márquetin del momento. Usted está luchando su propia batalla, intentando sus propias metas, logrando sus propios sueños y debe hacerlo emancipado del promocionalismo de su entorno, profundamente enamorado de usted mismo e incentivado por sus metas.

Permítame entonces recomendarle a lo menos tres grandes conceptos a considerar en el proceso de la planificación *del "Gol de Victoria"*

Principios básicos para visionar:

1. Debo entender que no soy un simple y fortuito accidente genético, soy el resultado de un milagro creador, Imago Dei.

Autoestima

El tan vertiginoso como desenfrenado avance científico-técnico de nuestro mundo destruye definitivamente la sociedad para crear al hombre impersonal[30].

Casi todo se puede mover por control remoto y apretando un solo botón no precisa la cooperación en equipo ¡Dejamos de ser imprescindibles! Tanto en grandes como pequeñas ciudades cada persona se hunde en el aislamiento de su propia situación que no le interesa a nadie más.

Los carros se desplazan a una velocidad jamás igualada, los sonidos se elevan a volúmenes definitivamente hirientes y la sociedad de consumo se desboca en alocada carrera mientras la bolsa personal, nacional e internacional grita de espanto.

---

[30] Que no posee ninguna característica que haga referencia a la personalidad de un individuo, sus ideas o sus sentimientos.

Nuestro mundo sigue degradándose del bello jardín que Dios creo en la selva de los hombres, nuestro idílico[31] planeta azul se puede autointitular el planeta de los condenados a muerte pues solo se precisa de un desacierto técnico o humano y nuestro mundo desaparecería a pedazos.

No tenemos el espacio, ni es este el momento oportuno para desarrollar un tan flexible tema de sociología como este, pero permítame señalarle que nos ha tocado vivir y hacer una historia tan trascendental[32] como estresante[33].

Nos encontramos sofocados por el pecado y el monstruoso desarrollo que hace al hombre impersonal, autómata[34], ególatra y solitario. Somos definitivamente incapaz de satisfacer las demandas de una neurótica sociedad de altos reclamos y consumo olvidamos nuestro verdadero origen, pues tenemos un origen totalmente divino, *somos resultado de la mente de Dios, poder Creador.*

Me place señalar que hacemos y vivimos en la etapa de la cibernética, pero no somos para nada meras computadoras, hacemos y vivimos en la etapa de la clonación, pero no somos ni objetos ni clones ni tampoco niños de laboratorio. Somos el resultado del aliento divino, hacemos y vivimos en el momento exacto para poder justificar cualquier gran accidente *pero usted mi amigo lector no es un accidente histórico genético, usted es el resultado axiomático y preciso del poder creador de Dios y de su amor eterno.*

---

[31] Que es perfecto, hermoso y produce bienestar físico o anímico.

[32] Que está relacionado con lo que trasciende los límites de la realidad sensible, en especial, lo que se relaciona con lo espiritual. Filosofía trascendental: Se aplica al hecho que tiene consecuencias muy importantes, más de las que cabría esperar.

[33] Agobiante, angustioso.

[34] Persona sin voluntad propia que se deja manejar por otras o que actúa de manera mecánica, como si fuera una máquina.

Tiene todos los motivos justificados del mundo para alimentar su empobrecida autoestima en la fuerte convicción de ser criatura de Dios, merece portar su imagen (*imago Dei*) y lucir su gloria, *usted vive una historia de locuras, pero no precisa ser parte de esa locura.*

Jamás se conforme, usted está totalmente rodeado de grandes talentos que por carecer de autoestima saludable jamás soñaron, siempre se creyeron merecedores de lo que, según ellos, el destino les deparo o en el peor de los casos terminan culpando a Dios de sus frustraciones personales. Permítame presentarle algunos pasajes bíblicos que le pueden descubrir su potencial y derecho a soñar:

1. Como fui creado:
   *"Y creo Dios al hombre **a su imagen, a imagen de Dios lo creó;** Varón y hembra los creó." Génesis. 1:27*

2. Como Dios se preocupa y ocupa en mí:
   *"Y Jehová Dios **hizo al hombre y a su mujer túnicas de pieles y los vistió".** Génesis 3: 21*

   *"Aunque afligido yo y necesitado, **Jehová pensará en mí. Mi ayuda y mi libertador** eres tú; Dios mío..." Salmos 40: 17*

3. Como Dios alimenta e incentiva mi sueños y aspiraciones más caras:
   *"Antes bien, como está escrito: Cosa que ojo no vio, ni oído oyó, Ni han subido en corazón de hombre, son las que **Dios ha preparado Para los que le aman."** 1 Corintios 2: 9*

¨*Clama a mí, y yo te responderé, Y te enseñaré cosas grandes y ocultas Que tú no conoces.*¨
Jeremías 33:3

"Porque yo se los pensamientos que tengo acerca de vosotros, dice Jehová, pensamientos de paz, y no de mal, para daros el fin que esperáis." Jeremías 29:11

Mi muy estimado amigo puede estar seguro que usted no es un mero accidente histórico genético; usted es creación de Dios y merece todo el derecho de triunfar. Me siento comprometido a repetir la antes planteada sentencia para por concepto de recurrencia[35] interiorizarla:

"No podemos ni tampoco debemos interpretar el éxito como evento aislado, acción casual, predestinado a una elite social desde lo eterno seleccionada, no podemos ni debemos interpretar la cima como oráculo y monopolio intrínsecamente privatizado, divinamente predestinado y por tanto inaccesible."

¡Usted también es de los grandes, sueñe en grande, conozca en grande, descubra en grande, usted es criatura de un Dios grande! Y un Dios grande solo sabe hacer cosas grandes, me gustaría concluir con la incuestionable sentencia, *"Dios es demasiado sabio para cometer un solo error, lo único que él sabe hacer son maravillas"*, créalo, usted es toda una maravilla de Dios y en tal sentido le invito a considerar la segunda gran verdad en la planificación de su "Gol de la Victoria".

---

[35]   En general de toda repetición de un mensaje o segmento del mismo en un texto determinado.

Una visión Interesante

2. La visión más interesante que una persona puede tener resulta de descubrirse, perdonarse, aceptarse y determinar sus prioridades. *(Se quién soy y para que soy no quiero ser nada más)*

Imagen y Semejanza

> *¨Entonces Jehová Dios formó al hombre del polvo de la tierra, Y sopló (nafákj) en Su nariz Aliento (הפשנ nᵉshâmâh, nesh-aw-maw') de vida, Y fue el hombre un ser viviente.¨ Génesis. 2: 7*

> *Soy creado a imagen y semejanza de Dios.*

Muy querido lector, permítame explicarle en escueta[36] sentencia las bellas implicaciones del soplo creador de Jehová, que resulta en la imagen de Dios (Imago *Dei*) en nosotros sus humanas criaturas, veamos algunos equivalentes occidentales de esta antigua expresión hebrea נְשָׁמָה" *nᵉshâmâh, nesh-aw-maw¨ (Génesis 2:7)*

Si procuramos traducir el término a nuestro léxico, cultura e idiosincrasia, cosa que no siempre es posible, entonces puede dar la idea de una repentina explosión de energía y rápida expansión de gas que solo ocurre cuando una bomba o gas explota, también puede implicar ira o aliento vital, inspiración, intelecto, detonación de aliento, alma o espíritu.

---

[36]   *Que es breve y no contiene adornos, rodeos o palabras innecesarias.* Que es simple y no tiene complicaciones ni cosas innecesarias.

Resulta que al leer el verso dentro de su semántica general infiere la imagen del artista que, al concluir su gran obra de arte, aquella en la que ha depositado todo su cuidado e infinita y sapiente creatividad, se enamora tanto de su creación al barro que explota en un suspiro, en un beso de amor.

Y este infinito suspiro de amor divino explota (*n^e shâmâh nesh-aw-maw'*) definitivamente dentro de su finita creación al barro en aliento de vida, fuerza vitalizante que nos identifica como la gran obra maestra del artífice divino.

Somos inexorablemente la corona de la creación y temo mucho de situar el término en el entre comillas, pues ninguna otra cosa creada estimula la pasión, dedicación y cariño de la paternidad divina tanto como lo hace usted amigo lector.

El hombre y mujer no es el resultado de un simple muñeco que Dios soplo por la nariz como si fuera un globo, es muchísimo más que eso, usted es el resultado del beso de Dios, es el resultado del cariño divino, usted es una maravillosa imagen del amor y la dedicación del poder creador de Dios (*imago Dei*).

Desde este principio interpretativo, descubro, aprendo e interiorizo que soy el resultado del amor de Dios, pero además, tengo autenticidad,[37] soy único y especial nadie más es como yo. Soy parte de la infinita diversidad de la creación universal de Dios y no quiero ser diferente. No soy lo que la sociedad dice que soy, tampoco soy lo que mis traumas y conflictos o el mismo diablo dicen que soy, yo soy lo que la Biblia, palabra de Dios, dice que soy y no quiero ni puedo ser diferente.

La visión más interesante que una persona pueda tener resulta de descubrirse, perdonarse, aceptarse y determinar

---

[37] Identidad, verdad, validez.

sus prioridades y el único medio que tengo para conocerme es la Biblia, no soy perfecto, tampoco tengo que serlo.

Vivimos repetidas veces la historia de los inconformes; no estoy de acuerdo con el pelo que Dios me regalo, mejor me lo pinto. No estoy satisfecho con mis bellos tonos naturales, mejor me hago mi propia máscara, reconstruyo mi fisionomía y remodelo mis siluetas, todo a favor de sentirme cómodo frente al espejo y aplaudido por el público del momento.

Hundidos en el trauma de la imitación y lo artificial, se hace singularmente impresionante la popularidad que cobran algunos como resultado de inauditas excentricidades en pro de la fama y el aplauso público, mientras internamente pleitean con cayadas añoranzas, sueños frustrados y grandes talentos por la simple razón de no ser reconocidos.

Este trauma social afecta a pequeña y gran escala, los predicadores aprenden a imitar de modo casi perfecto su ídolo del momento y hasta copian sus homilías y practican sus gestos para parecérsele, todo ello en detrimento de la originalidad e idoneidad innata de la que usted es acreedor por derecho propio, tendremos que repetir una y otra vez "la visión más interesante que usted podrá tener será:

a)- descubrirse usted mismo
b)- autoaceptarse
c)- perdonarse y
d)- determinar sus prioridades

Pues al Dios crearlo a usted también creo idoneidad propia, usted no es bueno en todo, pero existe algo en lo que usted es simplemente el mejor, *descúbralo y séalo (Mateo 25:15)*. Usted es una maravilla de Dios, *acéptese* (Génesis 1:31), pero, además, Dios ya ha creado su equipo, *encuentre su equipo (Génesis 2:18)*, pero, además, Dios no tiene interés alguno en que usted sea perfecto, el solo quiere que sea humano y como tal, sincero, **perdónese, y madure.**

Jamás imite, no funde su visión sobre el trauma de la imitación, descubra sus prioridades e interiorice que sin importar las apreciaciones morbosas de una sociedad elitista *usted también es de los grandes, piense en grande porque usted fue creado en grande.*

No es usted un muñeco que soplaron por la nariz a forma de globo, usted es el resultado de un beso de amor divino, viva y aparente lo que usted ha descubierto que es, sea el campeón de su propia historia, sea el héroe de sus batallas, esa será su visión, su verdadera vocación (Efesios 4:1)

3 Visión integral

> *Visión retrospectiva, introspectiva, y proyectiva son garantía de objetividad, transparencia, sanidad emocional, perdurabilidad y equilibrio, no puede soñar siempre sangrando por las heridas.*

Por último, resaltamos la importancia de una visión integral, sentarse en la agradable sala de su casa para visionar los detalles muy particulares del inmueble que hipotéticamente y en honor a una mal interpretada fé usted imaginariamente tiene no rebasa los límites de una romántica utopía. La más prolífera imaginación carece de poder para viabilizar aquello por lo cual no se ha batallado o retener eficientemente las dimensiones para las que no se han hecho los ajustes y equilibrios pertinentes, es que heredar no significa triunfar, soñar no necesariamente implica lograr, tener no siempre incluye merecer.

No debe confundir sus románticos e ilusorios sueños con la visión definitiva, convencida y equilibrada de lo que usted se sabe ser y para lo que esta comprometidamente luchando, preparándose y madurando.

Es así como el ejercicio comprometido, fría e intencionalmente calculado y la disciplinaria planificación marca la diferencia entre el soñador y el visionario. La visión está llamada a transformarse al través de la objetiva, transparente y planificada batalla de cada día en mi *"Gol de Victoria"*, el sueño carente de planificación, objetividad y compromiso pudiera generar una dolorosa pesadilla.

La perspectiva de visión integral, objetiva y lograble definitivamente incluye

1. De dónde vengo,
2. Donde estoy
3. Y hacia donde me dirijo; Además de
4. Que debo vencer,
5. Con que cuento
6. Y cuáles son mis aspiraciones.

Para la mejor comprensión del tema usaremos los apelativos de:

A. *Visión retrospectiva*
B. *Visión Introspectiva y*
C. *Visión Proyectiva*

De mi pasado, ¿qué impresiones me han quedado? ¿Cuál es mi historia particular? pero además ¿quién realmente soy y que es lo que nadie aún ha podido descubrir en mí y por qué? ¿Cuáles áreas de mi idoneidad particular debo trabajar? Por último entonces destacar hacia donde me dirijo y la totalidad de mis compromisos conmigo mismo y con mi victoria.

A. Visión Retrospectiva

Por supuesto, al hablar de visión retrospectiva significo la percepción e interpretación que tengo de los hechos de mi historia, permítame mostrarle algunos ejemplos.

a. Las personas actuamos en correspondencia con las experiencias adquiridas durante la vida.

Una interpretación negativa de mi pasado destruye tanto mi presente como mi futuro, no es posible visionar claro sangrando eternamente por las heridas.

Los seres humanos no tenemos capacidad de higiene mental como para olvidar al grado de jamás recordar los yerros, desaciertos, ofensas y pecados pasados, pues ellos son partes de nuestra historia particular. Tal nivel de restauración mental solo pertenece a la deidad, pues Dios perdona y olvida nuestras ofensas para jamás recordarse de ellas (Hebreos 8:12 y 10:17).

Para nosotros el perdón dependerá de la interpretación que hagamos de los hechos de la historia considerando a Dios como rector de ella, y nuestras humanas imprecisiones los peldaños aleccionadores que nos validan y maduran para alcanzar nuestro mayor estado de madurez emocional y espiritual (Romanos 8:28).

José fue vendido por sus hermanos y dependía de una de dos opciones: **a)** Amargarse con sus hermanos o **b)** Considerar esto como el vehículo de Dios para llevarlo al trono; él prefirió la segunda opción y ello produjo muy buenos resultados (Génesis 45: 4- 8).

*⁵ Ahora, pues, no os entristezcáis, ni os
pese de haberme vendido acá; porque para
preservación de vida **me envió Dios** delante
de vosotros"* Génesis 45:5.

Estas dos opciones siempre estarán frente a usted, sea
sabio y escoja la segunda, no viva de los recuerdos tenebrosos,
viva de la inspiración, no viva de los desaciertos, viva de
las lecciones que ellos prodigaron, no viva sufriendo, viva
inspirándose en su meta y logrando nuevos peldaños en su
gol particular.

b. Aprendiendo de los errores

Recuerde "Ignorar la historia es estar condenados a
repetirla". Ni usted ni yo ni nadie puede aplaudirse de infalible,
en el camino al éxito tendremos que asumir y aprender de los
errores cometidos no solo por nosotros, pero también por las
personas que nos rodean, incluyendo nuestro propio equipo.

Capacidad para serena y mesuradamente ver esos errores
significará aprender de ellos; amén de ostentar la madurez
de senténcialos, pues una infracción no sentenciada se hace
repetitiva, ignorarlos o simplemente justificarlos le restará la
transparente modestia y credibilidad que usted y su equipo
necesitan y merecen para triunfar.

Es bien impresionante la capacidad de que disponemos
para muy voluntaria y libremente convertirnos en inflexible
jurado con fluida capacidad para menoscabar y sentenciar la
historia de nuestros semejantes, ignorando los gruesos errores
de los que somos totalmente culpables, *"¿Y por qué miras la
paja que está en el ojo de tu hermano, y no echas de ver la
viga que está en tu propio ojo?"* Mateo 7:3.

Al descubrir mis inexactitudes seré poderosamente movido a benevolencia[38] con los que de alguna forma también son responsables, pues siendo que al final encontramos culpables que no son tan culpables e inocentes que no son tan inocentes; nuestros veredictos y criterios anticipados pudieran ser demasiado relativos

Mí apreciado lector, el yerro[39], los desaciertos y la incapacidad para en algún momento actuar coherente y equilibradamente es característico de nuestra humanidad.

En tal sentido, errar no le hace ni mejor ni peor, no descubrirlo, calificarlo y sentenciarlo es propio de espíritus tímidos y débiles, jamás se traicione a sí mismo, tenga una visión clara de su pasado para definitivamente mejorar su perspectiva, interprete su historia a la luz de su horizonte y de la soberanía de Dios que la rectora, pues las mejores cosechas resultan de la transparente y equilibrada autocrítica, ello sana el alma, restaura el espíritu y preserva las buenas relaciones.

Aprenda la disciplina del perdón, acepte lo que no puede cambiar para aprender de ello, perdónese usted mismo y a los que pudieron haberle dañado, ese fue el método de Dios para llevarlo al triunfo y todo ello fue absolutamente necesario. No este resentido con su historia ni con los actores que aparentemente la prodigaron. Tampoco este resentido con usted mismo ni con Dios, ello sólo produce amargura y los amargados no tienen derecho a triunfar.

---

[38] Buena voluntad, comprensión y simpatía de una persona o grupo hacia otra u otras. Simpatía y buena voluntad hacia las personas.

[39] Equivocación que se comete por ignorancia o por descuido

c. Venerando mis raíces

Es que una visión clara de la historia equivale
a conocer y venerar mis raíces.

José jamás pudo olvidar que era el hijo de Israel con una auténtica historia personal y familiar que observar y respetar, estuvo, por tanto, en la capacidad de prodigar todo su respeto, consideración y concurso a esas sus raíces más autóctonas.

> *"5Ahora, pues, no os entristezcáis, ni os pese de haberme vendido acá; porque para preservación de vida me envió Dios delante de vosotros.*
>
> *6Pues ya ha habido dos años de hambre en medio de la tierra, y aún quedan cinco años en los cuales ni habrá arada ni siega.*
>
> *7Y Dios me envió delante De vosotros, para preservaros posteridad sobre la tierra, y para daros vida por medio de gran liberación."* Génesis 45:5-7

Observe cuidadosamente como el verso siete usa tanto el verbo como el pronombre en la segunda persona del plural, (*vosotros, preservaros, daros vida*).

Con absoluto desenfado, José reconoce que todo su doloroso bregar fue el modo que Dios tuvo para providencialmente preservar a su pueblo, familia e historia personal y visto desde este lente interpretativo, sus hermanos no eran más que responsables indirectos de lo que fue la escuela que le habría de entrenar, la escuela del dolor, la forma que Dios usó para hacer de él un líder fuera de serie.

Tristemente muchos mal corresponden a sus raíces derrochando soberbia, presunción y arrogancia, todo ello como resultado de pequeños y fugaces lucros que en gran medida deberán agradecer a sus ancestros.

Conozco personalmente la historia de un joven cuyos padres llegaron a los Estados Unidos de Norte América como inmigrantes y apretando entre sus brazos al pequeño y muy amado infante; por la gracia de Dios y los esfuerzos de sus progenitores lograron nacionalizarse y establecerse muy confortablemente. Treinta años después este joven no solo olvido sus raíces, sino también se atreve a desdeñarlas con la característica insolencia de un muy malinterpretado éxito, él se entiende tan Norte Americano que definitivamente olvido que sus raíces están, muy a pesar de él mismo, en Sur América. Sea sensato tenga una visión clara, equilibrada y benévola de su pasado:

a) Para perdonarlo en la plena convicción de servir a Dios y Él toma la historia como vehículo al trono.

b) Para respetarlo, pues esas son sus raíces y jamás podrá evadirlas.

c) Para destacar de ella los errores que jamás deberá repetir y aprender de ellos.

d) Para venerar eternamente sus orígenes, sus verdaderas e intrínsecas raíces y también a sus héroes anónimos.

B. Visión introspectiva

Con visión Introspectiva nos referimos al conocimiento profundo, inteligente, mesurado, autocrítico e interno que tengo de mí mismo y de lo que descubro que realmente soy y mis posibilidades reales. Ello resulta de sana y mesuradamente autodescubrirme para inteligentemente conocerme objetiva y literalmente en blanco y negro.

Para todos soy el Rev. Daniel González y siempre debo dar el 100 % nadie aceptaría de mí un 99.99 % mi medida es simplemente 100%.

Este falso pedestal de vulgar triunfalismo en el que debo asumir un papel que nunca escogí definitivamente determinará mi dinámica marcando mi ego y destruyendo mi autenticidad, pues termino siendo el payaso de utópicas ambiciones y su final es el fracaso más rotundo.

Debo reconocer que no puedo ser bueno en todo, tampoco me es posible colmar las expectativas de los curiosos y menos aún tomar como meta particular las fallidas ambiciones de los que al través de mí procuran sus propias y muy tardías realizaciones, pues no tengo la intención de convertirme en el ídolo de nadie. Tampoco quiero ser mártir, solo intento ser el campeón y héroe de mi propia vida e historia, para lo cual me niego a aceptar cualquier meta que me prive del derecho a cometer mis propios errores, y rectificarlos. Me niego a ser lo que el pueblo quiere que yo sea en deterioro de lo que soy y represento para mí y los míos.

Quiero, merezco y necesito profundamente la diversidad del equipo, pues no creo en los llaneros solitarios, nadie puede lograrlo solo, pero también me es totalmente imprescindible el respeto a lo que soy por naturaleza.

"Soy solo Daniel González" totalmente emancipado de los protocolos, como todos, yo también tengo mis entre comillas, conozco y reconozco mis virtudes y defectos, destaco mis prioridades.

Este descubrimiento lógicamente no es menester publicarlo en la prensa, lo traza mi rol diario, las metas que debo lograr en la batalla interna conmigo mismo, es resultado del sosegado y frío análisis que Daniel ha hecho de Daniel, amén de la correspondiente madures, autoaceptación y disciplina que tal estilo de vida impone.

Veamos como lo presenta el Apóstol Pablo

Espero, muy amado y bien intencionado lector, que tenga a bien repasar conmigo algunos pasajes extraídos de la pluma paulina.

"³Digo, pues, por la gracia que me es dada, a cada cual que está entre vosotros, que no tenga más alto concepto de sí que el que debe tener, sino que piense de sí con cordura, conforme a la medida de fe que Dios repartió a cada uno." *Romanos 12:3.*

El propósito de Pablo en esta sección es motivar a la unidad entre los cristianos, *estimular una actitud de humildad, modestia y respeto los unos por los otros.*

Pablo nos insta a no tener un alto concepto de nosotros mismos, *pero autoobservarnos honesta y objetivamente,* créame esta es una muy ambiciosa medida de honestidad y comprensión de quienes auténticamente somos.

Resulta extremadamente cómodo observar, calificar y cuestionar a los demás e ignorar nuestras propias fallas, Romanos capítulo 7 muestra el resultado de tan autocritica observación:

¨²³pero veo otra ley en mis miembros, *que se rebela contra la ley de mi mente, y que me lleva cautivo a la ley del pecado que está en mis miembros.*
²⁴*¡Miserable de mí!* ¿Quién me librara de este cuerpo de muerte? ¨ Romanos 7: 23.24.

Pero en su 2da. carta a los Corintos, el apóstol Pablo explota en un honesto y maduro reconocimiento de sus limitaciones personales. Las cosas que jamás podrá cambiar, sus entre comillas.

¨Pero tenemos este tesoro en vaso de barro, *para que la excelencia del poder sea de Dios, y no de nosotros,* ¨ 2 Corintios 4:7.

Este enérgico maestro judío cristiano del primer siglo descubre dos incuestionables verdades:

a- *Él no tiene que ser perfecto,* debe recordar su finitud pues no es más que un barro moldeado por Jehová. (Génesis 2:7).

b- Sus limitaciones están llamadas a ennoblecerlo como modesto hombre de Dios, Pablo se reconoce el barro en el que opera rotundos milagros la excelencia del poder de Dios.

Tenemos la enfermiza tendencia a creernos invictos, infalibles y todopoderosos siempre que logramos determinada credibilidad social, pero el apóstol Pablo no perdía su humilde capacidad para inclinarse y en reconocimiento total de su verdadero "*YO*" ceder a Dios todo el poder y toda la gloria y todo el triunfo; muy en contraste con nuestra engreída cultura neo-moderna y su ridículo culto a la personalidad, falso e inope liderazgo de masas.

Para nada aplaudimos el conformismo, el apóstol a los gentiles ostenta una disciplina a toda prueba, este hombre de Dios, saturado además de profunda cultura universal, ha decidido no solamente conocerse objetivamente pero también autoconquistarse, su campo de batalla no era exterior, era interior.

"26Así que, yo de esta manera corro, no como a la ventura; de esta manera peleo, no como quien golpea el aire,

27sino que golpeo mi cuerpo, y lo pongo en servidumbre... " 1 Corintios 9:26-27ª.

Creo totalmente imposible lograr un gol rotundo de victoria final si se carece de la virtud de sosegada y fríamente _autodescubrirnos, aceptarnos_ y muy maduramente _retarnos a romper nuestros propios patrones de conducta_ para elevarnos a la dimensión que preliminar y soberanamente Dios nos ha rectorado. Esa será nuestra primera y gran victoria, porque sin método no hay derecho alguno a triunfar, sin la debida aceptación y compromiso con los retos propios de la batalla, no hay derecho a triunfar, sin el debido cambio de conducta y ética que nos hace aparentar ser lo que decimos ser, no hay derecho a triunfar, porque no es suficiente llevar el portafolio, es muy importante también aparentarlo y adjunto a ello se nos prodiga la disciplina de una fructífera:

C. Visión Proyectiva

Para que usted se pueda familiarizar con este concepto de visión proyectiva, marcamos algunos de sus sinónimos más usados:

> *Planear, planificar, programar, preparar,*
> *idear, calcular, concebir, trazar, esbozar,*
> *bosquejar, urdir, fraguar, delinear, elaborar,*
> *forjar, imaginar, intentar, preconcebir,*
> *preparar, procurar, programar, proponerse.*

Si se nos priva del derecho a las emociones y sanas ambiciones el ser humano desaparecería para en su lugar quedar una simple maquinaria.

¡Qué tremendo! ¡Usted tiene todo el derecho de soñar, preconcebir, planificar y proyectarse *hacia* un excelente horizonte! No precisa usted de quedar atrapado en un ciclo de su historia, encadenado a deudas dinámico conceptuales de un momento determinado y sufriendo viejas heridas que limitan su horizonte, porque jamás podrá proyectarse eficientemente hacia un futuro mejor hasta tanto no tenga el carácter para sanar sus viejas heridas y cerrar las puertas del pasado. ¡Jamás se limite más que por el conocimiento equilibrado, objetivo y retador que tiene de sus posibilidades reales! Si usted no entona adecuadamente, jamás se imponga la previamente malograda meta de ser un gran músico.

No procure metas simplistas con métodos tan simplistas como instantáneos, éxito es sinónimo de proceso, de tiempo, de intenso sacrificio, no bastará todo su talento para triunfar, debe entregarse usted mismo y hacerlo sin reservas, sin resentimientos sin apresuramientos porque los triunfos precipitados solo presagian fracaso, deshonra y dolor. No sea jamás simplista; visione, sistematice, planifique y acepte los retos con todas sus consecuencias. Sea auténtico, original y equilibrado, jamás se autotraicione, crea que lo puede lograr, inténtelo una y otra vez y tenga la capacidad de saliendo de su zona de comfort persistir, lucharlo y lograrlo.

El fracaso no es más que un nuevo paso al triunfo; el éxito perdería su delicioso aroma si careciera de los dolorosos peldaños del fracaso, que la jornada sea difícil, el camino escabroso y la batalla feroz hace que el triunfo sea definitivamente disfrutable, precisamente de eso se trata, sea usted el ecuánime y aguerrido campeón de su vida e historia sea intensamente disciplinado, planificador y fiel a sus sueños, disfrute el fragor de la batalla *¡Sea el héroe de su propia vida e historia!*

Obviamente, existe una distancia muy bien marcada entre hacer un gran proyecto de vida, y organizar un proyecto creyéndose usted ser el llanero solitario y ombligo del universo.

Sucede que el éxito y la felicidad siempre serán noticias muy bien recibidas, solo que resulta demasiado bochornoso cuando se construye sobre la ingenuidad y el dolor de los demás, en tal sentido es definitivamente importante ser creíble, pues el éxito que carece de credibilidad también carece de liderazgo, el triunfo que carece de altruismo también carece de sensibilidad y nobleza, la conquista que carece de lealtad también carece de seguidores y de subsistencia *¡Es muy sabio tener en cuenta que la falta de solidaridad siempre se paga!* Pues el éxito egoístamente calculado tiende a evolucionar en el preámbulo del infierno.

Nosotros los seres humanos tenemos la fatal habilidad de transformar grandes y bellos retos en rotundos fracasos, grandes oportunidades en abismos infranqueables y trocar aún el bello huerto del Edén en trampolín del dolor y preludio de tormento.

La visión proyectiva y equilibrada está rotundamente obligada a observar algunos principios básicos que nos gustaría usted conociera, entendiera y comprendiera pues de ellos depende la calidad de su final.

a. Escribir es un deber

La memoria nunca será una buena aliada, visión proyectiva implica planificar, programar –preparar - idear – calcular - concebir - esbozar– bosquejar – urdir – fraguar - delinear - elaborar - forjar - imaginar -intentar -preconcebir - preparar - procurar - programar.

De manera que el éxito resulta de la cuidadosa y previa planificación de lo visionado, pues tras cada idea que cristaliza o persona que triunfa existen miles de minutos, cientos de horas robadas al placer y al descanso. Es así como el éxito de cualquier empresa dependerá de su capacidad real para conjugar cuatro verbos importantes que por su orden lógico son, *discipular* - *organizar* –*delegar* y *supervisar;* pero ninguno de ellos podrá hacerlos dinámicos y objetivamente operativos, confiándolo a su memoria, a un furtivo golpe de suerte o lo muy circunstancial de sus emociones.

La memoria definitivamente no es una buena aliada, usted precisa de escribir cuidadosamente cuál es su visión, y elaborar una adecuada estrategia de seguimiento a respetar. No basta que usted conozca su visión debe ser profundamente disciplinado, sistemático y autocrítico para hacerla lograble o usted no pasará de ser un soñador frustrado. Repase diariamente lo que ha escrito, enamórese de ello, sature su intelecto, aprenda a figurarlo, imaginarlo y previamente disfrutarlo. Guste del calor de la batalla y el seguimiento tanto como disfrutará del sabor de la victoria, e inicie demostrando ser lo que pretende llegar a ser, pues no basta ser es muy importante aparentarlo.

b- No sea finalista

Es también importante la sistematización y el seguimiento, el éxito nunca será resultado de un tan fortuito como furtivo golpe de suerte, crea amigo lector, los finalistas en el mejor de los casos solo logran las migajas de lo que con algo de sistematización, seguimiento, madurez, equilibrio y método pudo ser la gran cosecha de sus vidas.

No sea inmaduro dejándolo todo para el final pues nunca tendrá una segunda oportunidad, y el triunfo no llegará a su cama para despertarle, tendrá usted que levantarse, despertarse, prepararse, enfocarse y salir a buscarlo. Muchos creyeron que salir de sus países y llegar a la tierra de los sueños y las oportunidades les daría el éxito y lograron llegar, pero no pasaron de seguir haciendo lo que siempre hicieron, logrando lo que siempre habían logrado, porque si usted urge de conquistar lo que nunca ha conquistado, deberá también hacer lo que nunca ha hecho. Recuerde, *la vida para nada es un ensayo, ella es su debut, obra maestra y también su retiro, lograrla hacerla y vivirla sobria, planificada e intensamente es todo un imperativo.*

c - Todo no se dice

> "Más tú, cuando ores, entra en tu aposento, y cerrada la puerta, ora a tu Padre que está en secreto; y tu Padre que ve en lo secreto te recompensará en público." Mateo 6:6.

El que dice todo lo que sabe termina diciendo lo que no debe; recuerde al maestro explicar, *"En silencio ha tenido que ser, porque hay cosas que para lograrlas deben andar ocultas[40]."*

No puede pecar de ingenuo, nos ha tocado vivir y hacer dinámica en el ocaso de la historia y los recursos están en proceso de total agotamiento, la tecnificación amenaza con rotundamente mecanizarnos.

El ser humano, creado a imagen y semejanza de Dios se hace altamente predecible, repetitivo, falsificador y copista por excelencia. Si su inmadurez le impulsa a cometer el error de explicar los detalles de su visión y estrategias en público, también deberá sufrir el inmenso dolor de perder su derecho de autoría, pues no faltarán los copistas que se le adelanten tanto en el proyecto como en su ejecución y usted habrá trabajado para otro.

Aprenda que todo no se dice, *"el que dice todo lo que sabe termina diciendo lo que no debe"*, disfrute su silencio y aprenda a seleccionar lo que cuidadosamente puede decir, recuerde que secreto entre dos ya no es secreto, jamás haga un secreto a pregón.

d - Sepa delegar

Usted no es bueno en todo, precisa de la coordinación, cooperación, diversidad y trabajo en equipo, jamás lo logrará solo, aprenda a delegar y hágalo con honor y ética. Al hablar de delegar inferimos en ello el cuidadoso seleccionar de un equipo fiel, ello además incluye respetar en toda ética el área delegada, no esté deshonesta e indiscretamente husmeando

---

[40]   Carta de José Martí a Manuel Mercado en el campamento de Dos Ríos 18 de Mayo de 1895

lo delegado, no debo jamás olvidar la axiomática sentencia *"¡honrar, honra!"*

Delegar significa, además, comprender, aceptar y permitir los errores ajenos, pues de ello depende que acepten también los míos, delegar significa transparencia, *jamás podrás lograr que te crean infalible, será un honor que te sepan sincero, delegar* incluye ser amigo, pues lo contrario a ello es tiranía y los tiranos no pueden tener equipos solo secuaces, delegar significa ser totalmente flexible, pues el exceso de intransigencia termina provocando trágicas situaciones.

Aprenda a caminar al paso del más lento, no sea precipitado, camine de tal manera que lo puedan seguir y permita que estén a su lado. Delegar incluye además saber compartir la paga y la gloria pues su equipo también tiene sueños, ellos no son ni maquinarias ni muebles, también tienen visión. Sea solidario y cooperador; llegue hasta el lindero de lo imposible para que ellos también lo logren, eso es solidaridad, la egolatría[41] pudiera ser su derrota, no se autotraicione.

e- Paciencia y cosecha

Sea paciente, sepa esperar el tiempo de la cosecha.

Vivimos en tiempos dolorosamente precipitados, definitivamente saturados de lo instantáneo, nuestras culturas posmodernas carecen de paciencia, entereza, estoicismo, longanimidad para la debida maduración.

Cursos demasiado abreviados en intensiva sistematización pedagógica saturan a los cursantes, en tiempo récord de disímiles conocimientos que no tienen tiempo de

---

[41] Culto, adoración, amor excesivo de sí mismo. Aprecio excesivo a la propia persona

delicadamente digerir. Seminarios y talleres intensivos prometen fabricar líderes y maestros con brevedad similar al que hace unas hamburguesas.

En tal sentido se altera rotundamente el necesario proceso del dolor sin tener en cuenta lo imprescindible de él, pues el dolor es el encargado de cambiarnos por dentro y crear la maravillosa armonía entre la cosecha y el segador que se ha dado la oportunidad de madurar junto con ella.

Conozco jóvenes valores que precisados por la orgullosa dinámica de determinado momento histórico malograron sus victorias y arruinaron su gol final. Talentos potenciales que de habérseles dado el proceso adecuado de formación, capacitación y maduración pudieron ser éxitos totales, sin embargo, jamás pasaron de ser inexcusables fetos como resultado de conceptos y cosechas excesivamente precipitadas.

No precipite su cosecha, aprenda a esperar con paciencia y jamás viole el proceso, recuerde, ¡todo tiene su tiempo!

Conclusión

Amigo que me hace el honor de leer este libro, no se permita la incorrección de asumir como visión, éxitos y aplausos simplistas de la multitud adulona y enardecida por el sonido del metal en sus bolsillos personales.

No se permita como visión la falacia del lucro insano, la moda de lo último en el mercado y el derroche de la vida de alto consumo y el hedonismo, no sea uno más del grupo, pues visión personal es el resultado de descubrir:

1. *¿Quién quiero ser?*
2. *¿A dónde quiero llegar?*
3. *¿Qué quiero tener?*

4. *¿Qué tipo de gente quiero tener a mi lado?*
5. *¿En cuánto tiempo lo puedo lograr?*

¡Descubra entonces quien es usted, cuál es su potencial real y delimite su visión personal!

Hay personas que viven recordando solo los eventos negativos que forman parte de su historia, es imposible progresar continuamente recordando las experiencias negativas, pues la vida no se limita a un episodio aislado que de manera significativa pudo impresionarte. La vida es mucho más que eso y su éxito dependerá de la interpretación que haga de los hechos de la historia, siendo definitivamente necesaria una constante reinterpretación de ellos.

De la actitud que tenga frente a las disímiles situaciones que vive dependerán los resultados, encuentre siempre las cosas que le unen a cualquier ser humano en vez de centrarte en las diferencias. Si un día llegas a caer no te preocupes, haz como el sol… Que cada tarde cae, pero cada mañana se levanta con más resplandor, la excelencia es el resultado gradual de siempre esforzarse por mejorar, recuerda… la diferencia entre las personas promedio y las personas que logran el éxito es su percepción y respuesta al fracaso.

Nunca olvides que tu visión es auténticamente original e irrepetible, no existe otra igual y en tal sentido sólo tú puedes caminar con ella, amarla, cortejarla y realizarla con la intensidad que merece y en el tiempo adecuado.

¡Lograrlo impone el imperativo de aceptar quien soy según lo muestra la Biblia, Palabra de Dios! No es usted un simple accidente genético resultado de una efímera relación sexual estimulada por un derroche de caprichosas hormonas, usted es resultado del poder creador de Dios, un estampido de bello amor divino; por tanto, usted surgió desde la eternidad en la mente de Dios.

Pero créame, usted no es infalible, su historia incluye virtudes y defectos, éxitos y desaciertos, acéptese, ámese, perdónese, no este resentido con Dios, proyéctese hacia su cumbre, nadie podrá conquistarla más que usted.

La visión más interesante que una persona pueda tener resultará de descubrirse, conocerse, perdonarse, aceptarse y determinar sus prioridades. *(Sé quién soy y para que soy, no quiero ser nada más)*.

Para recordar:

"Éxito no es maná que cae del cielo ni herencia milagrosa que traen algunos inherentes en la sangre, tras cada idea que cristaliza o persona que triunfa, existen millones de segundos, miles de minutos, cientos de horas robadas al placer y al descanso, éxito *es sinónimo de esfuerzo y sacrificio.*"

Capítulo No. 2
Fe Efectiva

INTRODUCCIÓN:

En nuestro primer capítulo discurrimos en el descubrir de quien realmente soy y como conocer, delimitar y proteger mi visión e identidad personal. Platicamos además respecto a cuál es mi potencial real para lograrla en todas sus connotaciones, el resultado de tal descubrimiento le aseguro que será poderoso, transformador y trascendental, pero para nada suficiente. Si de conquistar su muy auténtica visión se trata, lograr su gol de victoria impone muchísimo más que descubrir y soñar, pues ello es un desafío capaz de retar lo mejor de usted.

Puede estar seguro que entregar todo su talento en la conquista de su cumbre tampoco será suficiente, deberá entregarse usted mismo incondicionalmente y sin reservas y tal capacidad de entrega solo será posible si cobra dinámica objetiva sobre los *equilibrados,* pero pretenciosos rieles de la FE.

Fe efectiva y dinámica, la fe que no teme romper convencionalismos y esquemas y pregonarse *previamente triunfadora* en aplauso y pleitesía reverente a sus más caras ambiciones, sin que la fría, aprensiva y escéptica apatía del entorno merme su espíritu, menoscabe el ánimo o deteriore la característica modestia que un triunfador está llamado a lucir.

Usted jamás conocerá su cumbre a menos que tenga el arrojo de hacer pública sus ambiciones, (diga sus ambiciones no revele sus estrategias para lograrlo), fantasearlas, figurarse con ella e imaginarlas en todo su esplendor. Esto sin vestigio de temor a los que en espíritu suspicaz le creen inope soñador de utópicas ambiciones, pues no basta soñar, debe tener la elegancia de vivir a la altura de sus sueños. Cuando no pueda hacer algo, iniciar imitándolo ya es un gran avance.

Permítame, por favor, presentar los objetivos de este segundo capítulo.

Propósito

1. *Fe efectiva es posible solamente cuando existe visión clara, profunda y apasionada en una meta a lograr.*
2. *La Fe y sus desafíos.*

En el Antiguo Testamento

Al hablar de *fe*[42] significo y comprometo el término en su justa semántica, *"progreso, desarrollo y maduración"* de un auténtico crecimiento espiritual.

No es esta una fe inerte, dependiente de eventos tan fugases como peregrinos, propia de la inmadurez espiritual del que nace espiritualmente, pero nunca crece y jamás madura. Esta

---

[42]   Hebreo Veterotestamentario *'âman, bâṭach, châsâh, yâchal, qâvâh,'ĕmûnâh.*

dimensión de Fe más que pedir ofrece, no se limita a esperar porque es dinámica y comprometida y en tal sentido está apta para colaborar, comprometerse y caminar con pies propios, objetivos claros y fidelidad garantizada, *"Fidelidad"* a mí mismo y entonces al Dios de palabra empeñada rotundamente comprometida con un hombre que se ha autodescubierto y ha decidido jamás autotraicionarse.

Para entender y comprender las connotaciones de términos más de 2000 años después de haber sido escritos, permítame muy someramente explicar algunos pequeños detalles del verbalismo y pensamiento hebreo en el Antiguo Testamento.

Sucede que mientras nosotros pensamos en términos abstractos, el pensamiento hebreo tenía como propósito crear imágenes mentales (pensamiento concreto)[43] es así como encontraremos a lo menos seis diferentes términos de lo que para el hebreo era y significaba la fe y me refiero a los términos hebreos

1. *'âman,*
2. *bâṭach,*
3. *châsâh,*
4. *yâchal,*
5. *qâvâh,*
6. *'ĕmûnâh.*

---

[43] Entendemos por pensamiento concreto la manifestación de conceptos principios e ideas de manera tal que las podamos ver, tocar, oler, escuchar y saborear, el uso de los cinco sentidos es vital, Pensamiento abstracto es entonces la declaración o expresión de conceptos, principios e ideas que no pueden ser vistos ni oídos. Sucede que la cultura griega ve el mundo al través de la mente (Pensamiento abstracto) mientras el hebreo observa el mundo al través de los sentidos (Pensamiento Concreto)

Estos vocablos vistos de conjunto proyectan la imagen de progreso, desarrollo y maduración de un auténtico crecimiento espiritual, explico:

"aman" traducido como "creer" proyecta la imagen del que dando sus primeros pasos en su andar espiritual, se apoya en Dios y se refiere a la fe salvadora pues aplaude la niñez espiritual, es el niño que está naciendo.

"bâţach" que pudiera ser traducido como *"confiar en"* nos habla del peleador que estrella su contrincante contra la lona, a tono de ello el salmista nos dice *"Echa sobre Jehová tu carga, y él te sustentará"* Salmos 55: 22a y nuevamente exhorta *"Esperad en él en todo tiempo, oh pueblos; Derramad delante de él vuestro corazón; Dios es nuestro refugio.* Salmos 62:8. bâţach es equivalente a la adolescencia espiritual, pues nos mueve a confiar a pesar de…

¨*châsâh*¨ pudiera traducirse como buscar refugio o escapar por protección y aplaude la fe madura pues el creyente ha comprendido que él Señor es su fortaleza, resguardo, escudo y libertador (Salmos 144:2), en esta dimensión de fe el cristiano puede permitirse, siendo audaz, sentirse seguro, buen ejemplo de ello encontraríamos en los Salmos 57:1 y 144:2.

¨*yâchal*¨ casi generalmente puede interpretarse como *"Esperanza"* y se trata de confianza bajo alta presión. Es el tipo de confianza que se ostenta en momentos de extremo dolor. Este vocablo hebreo nos proporciona la imagen de alguien que aplica sabia curativa en una herida; incorporado al lenguaje teológico veterotestamentario, se trata del tipo de fe capaz de curar las heridas que los héroes espirituales deben sufrir en el camino. Un excelente empleo del término lo encontraremos en Job 13:15ª ¨*He aquí, aunque me matare, en él esperaré*¨ y Jeremías sufriendo por la destrucción de Jerusalén, amen de su pueblo en cautiverio, encara un nuevo día bajo la cobertura de la esperanza *(yâchal)* (Lamentaciones 3:21).

> *²⁰ Lo tendré aún en memoria, porque mi alma está abatida dentro de mí;*
> *²¹ Esto recapacitaré en mi corazón, por lo tanto <u>esperaré</u>.*
> *²² Por la misericordia de Jehová no hemos sido consumidos, porque nunca decayeron sus misericordias.*
> *²³ Nuevas son cada mañana; grande es tu fidelidad.*
> *²⁴ Mi porción es Jehová, dijo mi alma; por tanto, en él <u>esperaré</u>. Lamentaciones 3:20-24*

Creo que uno de los términos más fuertes de la fe lo encontremos en la palabra ¨qâvâh¨ que generalmente se traduce como esperar, y en el sentido más original el término pudo haber sido usado bajo el proceso de tomando hebras fácilmente rompibles, trenzarlas hasta crear cuerdas definitivamente irrompibles.

Ello nos da la imagen del creyente que inteligente, paciente y premeditadamente es capaz de trenzar promesas, principios y doctrinas fundamentales para crear el irrompible fundamento de la fe y la doctrina. Bajo este tipo de fe *(qâvâh)* encontramos promesas tan aguerridas como:

> ¨*Pero los que esperan a Jehová tendrán nuevas fuerzas; levantarán las alas como las águilas; correrán, y no se cansarán; caminarán, y no se fatigarán.*¨ *Isaías 40:31.*

(qâvâh) nos presenta la imagen del amigo de Dios. Definitivamente aplaude la didáctica bíblico-expositiva.

Sucede que hasta este momento la fe según nos la presenta el pensamiento filosófico concreto antiguo testamentario nos proyecta la imagen de desarrollo espiritual en secuencia de fe naciente, adolescente o maduración de la fe y en tal sentido hace honor a términos tales como:

1. *creer en,*
2. *confiar en,*
3. *buscar refugio en,*
4. *esperanza en o*
5. *sabia y premeditadamente tejer los hilos de las promesas, doctrinas y principios que concluyen en la eterna y soberana fidelidad de Dios a sus humanas criaturas.*

Sin embargo, en Habacuc encontraremos una nueva terminología que promete adentrarnos en una novedosa manifestación de la fe, הנמא ='ĕmûnâh, *nos expone:*

¨*He aquí que aquel cuya alma no es recta, se enorgullece; más el justo por su fe ('ĕmûnâh,) vivirá*¨ Habacuc 2:4

Sucede que esta nueva terminología, *'ĕmûnâh,* nos presenta una imagen muchísimo más amplia. Hasta ahora relacionábamos la fe como el acto de creer en Dios, confiar en sus promesas, pero para Habacuc la fe está fuertemente comprometida con "El Justo" "*el justo* por *su fe* ('ĕmûnâh,) vivirá"* y en ese contexto ¿Qué se entiende por justicia y que se entiende por fe?*

Sucede que *'ĕmûnâh* (fe) es sinónimo de términos tales como fidelidad, confiabilidad, fiel, mente firme, el contexto de la narrativa exhibe al que no solo ostenta creer, pero también se hace creíble.

De modo que todo el Antiguo Testamento presenta la fe como el acto de descansar, confiar y esperar en el Señor y en sus promesas, ¡El Señor es nuestro refugio! Pero Habacuc nos presenta esa misma fe desde el ángulo de las renuncias, el desprendimiento, la total obediencia, la disciplina y la tenacidad heroica, haciendo que el demandante este a tono con lo que pretende y sus victorias en correspondencia con sus batallas, eso es definitivamente justo. No es justo solicitar si se carece de capacidad de compromiso y entrega. Es bueno recordar que la disciplina es la madre de todas las virtudes y gestora de los más grandes éxitos.

Es así como la fe en su nivel más elevado habla de entrega de vida y voluntad en el hombre que pretendiendo triunfar es capaz de saberse a sí mismo confiable no solo para el logro, pero también para los arrojos que el proceso incluye.

No basta entregar todos mis talentos, deberé entregarme yo mismo y haciéndome digno de la fidelidad divina, enfrentar todos los retos de la jornada sin dobleces.

a) *Ello incluye la neutralidad de amigos escépticos* que deseado ayudar tienden a desanimar, es muy bueno recordar que al pretender entrar en la tierra prometida Moisés envió doce espías que reconocieran la tierra (Números 13), diez de ellos regresaron con consejos negativos y solo dos, Josué y Caleb, regresaron con consejos positivos y alentadores, es que muy generalmente son más los consejeros negativos que los positivos ¡Tenga cuidado a quien escucha! ¡Si usted aún no está convencido, no pretenda que alguien le convenza, pues no podrá triunfar con incentivos ajenos, pero además si sus incentivos están correctamente delimitados, mucho cuidado con lo que escucha, pues

los desanimadores siempre serán los más! Los más no
le aplaudirán hasta tanto le sepan triunfador.

> *"Entonces Caleb hizo callar al pueblo delante
> de Moisés, y dijo: Subamos luego, y tomemos
> posesión de ella; porque más podremos
> nosotros que ellos. ³¹Mas los varones que
> subieron con él, dijeron: No podremos subir
> contra aquel pueblo, porque es más fuerte que
> nosotros. ³²Y hablaron mal entre los hijos de
> Israel, de la tierra que habían reconocido,
> diciendo: La tierra por donde pasamos
> para reconocerla, es tierra que traga a
> sus moradores; y todo el pueblo que vimos
> en medio de ella son hombres de grande
> estatura" (Números. 13:30-32)*

> *"⁶ Y Josué hijo de Nun y Caleb hijo de Jefone,
> que eran de los que habían reconocido la
> tierra, rompieron sus vestidos, ⁷y hablaron
> a toda la congregación de los hijos de Israel,
> diciendo: La tierra por donde pasamos para
> reconocerla, es tierra en gran manera buena.
> ⁸Si Jehová se agradare de nosotros, él nos
> llevará a esta tierra, y nos la entregará;"
> (Números. 13: 6-8)*

b) **Incluye, además, mis desánimos y desacierto** pues
   todo lo que se hace por primer vez es muy difícil, es
   difícil salir de mi zona de comfort y aventurarme en
   nuevas proezas, es difícil cerrar las puertas del pasado
   y concluir viejos ciclos en los que pude haber quedado
   atrapado para poder proyectarme a una nueva meta

porque nadie puede triunfar con un pedazo de pasado amarrado a su cintura, es difícil caminar solo con la complicidad de mi almohada y el silencio de mi recato, es muy difícil entender que la historia, mi historia, solo puede estar justamente donde esta, en la historia, es experiencia acumulada, metas vencidas y alertas a respetar, pero lo que el proceso dejo en el pasado es sabio dejarlo en el pasado!

c) **Incluye mantenerme enfocado**: tenemos un antiguo proverbio ingles que al traducirlo a nuestro español dice ¡El pasto parece más verde al otro lado de la cerca! (*The grass is greener on the other side of the fence*).

Es que tenemos la tenencia de ver mayor éxito en otros que el que vemos en nosotros mismos, nos cuesta ver nuestra propia jornada, nuestro propio progreso, porque nunca veremos el final hasta que lleguemos y en este continuo desafío de caminar sin ver lo que logramos, estudiar sin imaginar cuanto estamos asimilando, iniciar un nuevo día sin tener idea de cuanto estamos creciendo porque el crecimiento real es imperceptible para el comprometido y a pesar de esa imperceptibilidad, levantarnos, autodesafiarnos a continuar y disciplinarnos a hacerlo bien implica mantenerse enfocado en nuestra meta sin calificativos comparativos con el pasto que está al otro lado de nuestra cerca.

1. Fe efectiva

Fe efectiva es entonces posible solamente cuando existe visión clara, profunda, y apasionada en una meta a lograr, además del debido espíritu de obediente ajuste que se corresponde con la preservación, espíritu proactivo y operatividad dinámica y objetiva de lo logrado.

Según el término usado en nuestro texto arriba citado, **"El justo por su fe vivirá".** *Habacuc 2:4* fe y Justo se interrelacionan en una dinámica comprometida; pues no es posible lucir *Justicia* si se carece de la intencional y oportuna visión que la planifica, compromete y públicamente exhibe.

Es igualmente ficticio sostener una visión careciendo de la moralidad, entereza y equilibrada compostura que fielmente la justifica, haciéndola dinámica, objetiva y practicable. Habacuc se está preguntando si su concepto de la Justicia de Dios es realmente práctico.

En el verso 2:4 el profeta confronta la arrogancia del imperio babilonio por su transitorio triunfo sobre el pueblo de Dios con la capacidad de realización y subsistencia de la que disponen los Fieles a Jehová.

> "...Mas el "JUSTO" por su "FE" *(Fiel, verdadero, fidelidad, Mente firme, o lealtad)* Vivirá"

a. Fe efectiva es posible solamente cuando existe convicción profunda de quién soy, para que soy y donde están mis raíces.

b. Fe efectiva es solo posible concatenada[44] con el profundo valor de la sana autocritica y el equilibrado arrojo para asumir valerosa, transparente e incondicionalmente todas nuestras virtudes y defectos.

c. Fe efectiva es solo posible cuando decido vivir y disfrutar intensamente a la altura de mis sueños, pues no basta soñar en grande, se precisa también vivir en grande.

d. Fe efectiva es posible solamente cuando existe visión clara, profunda y apasionada en una meta a lograr, definitivamente sé hasta dónde quiero llegar y he decidido jamás autotraicionarme, ¡estoy dispuesto a pagar el precio que mis desafíos me imponen!

Habacuc, probablemente haya profetizado poco antes de la invasión a Judá por los Caldeos (últimos años del siglo VII a.C.), y vivió para ser testigo presencial y sufriente del cumplimiento de sus palabras.

Este hombre que definitivamente marcó la historia nacional de su pueblo entendió que la justicia y la fe no son circunstanciales; ellas son valores dinámicos y se pueden lucir aún en el exilio. Es que justicia y fe son valores éticos absolutos, ellos pueden perfectamente lucirse bajo cualquier dimensión histórica, pues no son relativos a dinámicas, elites o parangones socioculturales específicos, surgen de la experiencia, compostura y equilibrio personal y son, por tanto, relativos solo a ellas.

Es pues la mente el campo donde deberán ganarse o definitivamente perderse todas las batallas y en tal sentido solamente usted será total responsable de sus derrotas o

---

[44] Enlazar hechos o ideas que suceden en serie o cadena.

victorias, nadie le limitará más que usted mismo, usted decide por la fidelidad o la autotraición.

Es pues del todo determinante para el logro definitivo de nuestro gol el conocimiento, convicción y equilibrio que tengo de mí y en mí, la fidelidad comprometida conmigo y mis raíces y la austera y clara convicción de mi propósito de vida. ¡Quien sé que soy y para que soy!

Los más solo logran conocerse como grandes consumidores de recursos y por ello precisan de la última moda, el último carro, la mejor casa, también les son imperativas las mejores comidas, además de los aplausos de amistades muy relativas y circunstanciales, ello en más de una ocasión es hedonismo y consumo.

Unos pocos, dentro de los que definitivamente contamos al canonizado profeta, se saben parte integral de planes y equipos mucho mejores y destinados a metas mucho más gloriosas.

Observe el gran descubrimiento que este siervo de Dios hace y asume como propio y procure usted actuar también en correspondencia:

> *"¹³¿No es esto de Jehová de los ejércitos? Los pueblos, pues, trabajarán para el fuego, y las naciones se fatigarán en vano.*
>
> *¹⁴Porque la tierra será llena del conocimiento de la gloria de Jehová, como las aguas cubren el mar."* Habacuc 2:13-14

Amigo, usted no puede pretender triunfo si carece de la lealtad *(FE)* que le compromete con usted mismo y con Dios de por vida. Tampoco tiene derecho alguno de culpar a nadie de sus fracasos personales, mucho menos al único y Soberano

Dios; porque fe efectiva es posible solamente cuando existe visión clara, profunda y apasionada en la meta a lograr y ello incluye su capacidad de asumir los riesgos que el proceso demanda y comprometerse.

Fidelidad a la visión demanda, además, mente firme, lealtad a sus sueños más caros, sumisión obediente al proceso ¡No puede usted estar cambiando de visión tantas veces como le plazca! ¡Tenga determinación! ¡Sea fiel y cuando termine, nuevamente sea fiel! Y al final, ¡Continué siendo fiel! Perseverancia, fidelidad, organización, determinación, disciplina, autocrítica y dinámica son el vehículo de la visión, sin ellos jamás llegara a su cima.

Dediquemos algunos párrafos a un somero análisis del reto apostólico a los hebreos, cristianos del primer siglo, víctimas de la dispersión.

Atrapados entre la espada, y la espada los cristianos de la muy inexperta e insipiente iglesia vivían tiempos difíciles, les tocaba a ellos el tan alto como riesgoso privilegio de hacer historia. Nuestros héroes de la cristiandad hebrea del primer siglo, incomprendidos y presionados por circunstancias religioso-políticas ineludibles, no tenían por menos que sentirse atrapados entre la espada y la espada.

El romanismo los degradaba y sentenciaba por su doble naturaleza judío-cristiana, pero también el hebraísmo más ortodoxo les censuraba como apátridas, comprendiéndolos traicioneros a los principios más fundamentales de la fe nacional.

Bajos tales circunstancias y suponiendo ellos como única opción lógica, plausible e imperativa descristianizarse, la pluma apostólica luce la mejor didáctica para (en la carta a los hebreos) mostrarles el único camino al éxito.

Es así como la carta se presenta no solo como tratado que expone la superioridad del Sacerdocio de Cristo, pero también un desafió total de Fe práctica, en el que se discuten y sostienen conceptos tales como compostura, confianza, fe, y lealtad.

Si para mi exégesis procuro respetar la poderosa relación temática que interrelaciona los capítulos 10 al 12 de Hebreos, entonces amigo lector sorpréndase frente a tanto arrojo, convicción, expectación y ética de visión y vida.

"³⁴Porque de los presos también os compadecisteis, y el despojo de vuestros bienes sufristeis con gozo, sabiendo que tenéis en vosotros una mejor y perdurable herencia en los cielos.

³⁵No perdáis, pues, vuestra confianza, que tiene grande galardón;

³⁶porque os es necesaria la paciencia, para que habiendo hecho la voluntad de Dios, obtengáis la promesa." Hebreos 10:34-36

El verso 35 suena como un desafío apostólico, *"¡Jamás te rindas!"* el éxito siempre será relativo a la capacidad de perseverancia y espíritu de lucha que puedas lucir.

Sucede que la salvación no depende del esfuerzo humano, dado que es totalmente una obra de Dios, pero mientras que la salvación siga siendo una promesa, necesitamos la perseverancia en la *"fe"* a fin de cumplir la voluntad de Dios y obtener lo prometido.

Es bien interesante notar la relación que los versos 37-39 establecen con la temática general a plantear en el capítulo 11 a los Hebreos, veamos:

"³⁷Porque aún un poquito,
Y el que ha de venir vendrá, y no tardará.
(Oportuna fidelidad de Dios)

38Mas el justo vivirá por fe; Y si retrocediere, no agradará a mi alma.
(La justicia se inter-relaciona dinámicamente con la Fidelidad)

³⁹Pero nosotros no somos de los que retroceden para perdición, sino de los que tienen fe para preservación del alma." Hebreos 10:37-39
(Conocemos las consecuencias de la infidelidad)

Es entonces el verso 1 del capítulo 11 la introducción al muy controversial tema de la Fe, los retos que ella impone y sus ulteriores consecuencias, mi profunda e inflexible fidelidad a mi ética, mis principios y mi visión muy a pesar de lo no evidente.

"¹Es, pues, la Fe la certeza de lo Se espera, la convicción de lo que no se ve." Hebreos 11:1

¡Creo en mi visión!

Las gentes promedio deben ver para creer, pero el apóstol a los hebreos procura descubrir a los que creen para ver, él llama la fe ὑπόστασις / *hypostasis* (*la sustancia de las cosas esperadas*).

Sabemos qué lo que esperamos no es lo que tenemos en nuestras manos sino, qué se oculta hasta ahora de nosotros o por lo menos el disfrute de lo cual se retrasa otro poco de tiempo. La fe, él dice, es el *hypostasis*, el apoyo o fundamento en el cual plantamos nuestro pie. ¿El apoyo de qué? De las cosas ausentes.

Disfrutamos en este poderoso reto Apostólico de una extensa lista sobre las renuncias que la visión implica y el gran equipo humano que definitivamente compromete. Pues es totalmente irreal el triunfo de los timoratos y solitarios, es totalmente irreal el triunfo del que teme los riesgos y el sufrimiento, es totalmente irreal el triunfo para el que teme pregonar, disfrutar y vivir a la altura de la visión que se dice tener sin fluctuar ante el evidente subtitulo de idealista soñador o fracasado. Triunfo implica visionar, planificar, comprometer y caminar sin jamás mirar atrás.

"24Por la fe Moisés, hecho ya grande, rehusó llamarse hijo de la hija de Faraón,

25escogiendo antes ser maltratado con el pueblo de Dios, que gozar de los deleites temporales del pecado,

26teniendo por mayores riquezas el vituperio de Cristo que los tesoros de los egipcios; porque tenía puesta la mirada en el galardón.

²⁷Por la fe dejó a Egipto, no temiendo la ira del rey; porque se sostuvo como viendo al Invisible.

²⁸Por la fe celebró la pascua y la aspersión de la sangre, para que el que destruía a los primogénitos no los tocase a ellos." Hebreos 11:24-28

Rehusar al palacio, dejar Egipto y la previa celebración de la pascua eran los deliciosos riesgos que la visionada herencia implicaba. Moisés debía estar en capacidad para destetarse de los privilegios que la vida palaciega prodigaba.

Los versos 13, 39 y 40 del mismo capítulo nos sorprenden no solo con las cosas que la fe da, pero también con las que la fe nunca dio amen de la capacidad *de fidelidad* humana y proporcionada providencia divina.

"¹³Conforme a la fe murieron todos éstos sin haber recibido lo prometido, sino mirándolo de lejos, y creyéndolo, y saludándolo, y confesando que eran extranjeros y peregrinos sobre la tierra.

³⁹Y todos éstos, aunque alcanzaron buen testimonio mediante la fe, no recibieron lo prometido;

*⁴⁰**proveyendo Dios alguna cosa mejor para nosotros,** para que no fuesen ellos perfeccionados aparte de nosotros." Hebreos 11:13,39-40*

¿Cómo explicar esta aparente contradicción? De cosas que la fe da y otras que nunca da... Amen de tantas perdidas y evidente quebranto.

La respuesta es una sola palabra, *"Fe"* (**hypostasis** *la sustancia de las cosas esperadas*). La fe es el hypostasis el apoyo o cimiento en el cual plantamos nuestro pie, ella, la fe, llena el vacío entre lo que somos y lo que seremos, entre el ya y el todavía no, entre nuestra realidad y lo que Dios quiere que seamos y alcancemos y a tono de lo cual me desempeño.

El Capítulo 12 definitivamente nos compromete como actores en una trama equivalente, el tablero es totalmente integral, nos asiste el derecho propio de sabernos actores o simplemente espectadores, *vivir por nada, o morir por algo*.

Si usted se sabe actor, debe respetar su nube de testigo, ostente para ello su visión y disfrútela, desarrolle su papel sin dobleces, nunca se rinda, jamás desista, le está negado el insulto de regresar, jamás regrese eso sería auto traición.

Si se reconoce simple espectador, entonces solo le toca hacer justamente lo que está haciendo; mirar, criticar y disfrutar el muy aparente y relativo fracaso de los valientes actores sobre el tablero.

> *"¹POR TANTO, nosotros también, Teniendo en derredor nuestro Tan grande nube de TESTIGOS, Despojémonos de todo peso y del Pecado que nos asedia, y* **CORRAMOS CON PACIENCIA** *la carrera..."*

> *Hebreos. 12: 1*

Definitivamente, fe efectiva es posible solamente cuando existe una visión clara, profunda y apasionada en una meta a lograr. Su actitud personal marcará una gran diferencia;

no podemos controlar las circunstancias, pero si podemos controlar nuestras actitudes. *No permita que el fracaso, la frustración o el convencionalismo le señalen el camino al éxito.*

Pero este escueto y sentencioso principio de fe nos impone platicar, aunque muy brevemente, de lo que llamaríamos:

2. - La Fe y sus desafíos

¿Cuál es la relación de la *"fe"* con el comportamiento humano y ¿Cómo canalizar esa *"fe" ejecutiva?* No todos los que se aventuran en una gran visión logran su gol de triunfo, pero todos iniciaron con algo que ellos acostumbraban llamar *"fe".*

Junto a Moisés, toda una eufórica[45] nación salió de Egipto; todos ellos se sabían hijos de Abrahán, Isaac y Jacob, y herederos igualmente de la misma promesa, pero ¡Solo Josué y Caleb lograron airosamente arribar a la tierra que fluía leche y miel!

¡Es que las promesas de Dios todas ellas son relativas al adecuado y diligente comportamiento del útil humano que pretende exhibirlas! Si usted cumple las condiciones, las promesas se cumplirán en usted, pero si usted no cumple las condiciones, las promesas no se verificarán.

Toda la nación que acompañaba a Moisés era igualmente hijos de la promesa, pero solo Josué y Caleb se sabían y comportaron en correspondencia con planes mejores.

¡Los más de ellos solo tenían mentalidad de ladrillo y les incentivaba la comida de esclavos en el abandonado Egipto! Su visión no rebasaba de lo obvio y su coraje era solo el

---

45   Se aplica a la persona que exterioriza una intensa alegría y bienestar.

imprescindible para el esquemático costumbrismo de fabricar ladrillos.

Si bien la milenaria promesa les hacía acreedores de la tierra prometida, la carencia de comportamiento diligente, adecuado y a tono para amarla, sufrirla, pelearla y poseerla les negaba su rotundo disfrute. Dios, Jamás te dará algo que no estés en la capacidad de ganarte en buena y persistente batalla.

Pero este estilo de vida y sana ambición que equilibra y sistematiza la conquista solo será posible en la premisa del amor. Me siento en la obligación de amarme porque soy la máxima creación de Dios, pero además, prodigar amor no es un arte, es un desbordar de compromiso que partiendo desde mí mismo satura todo mi entorno, no puedo dar lo que no tengo, dar amor me impone el deber de ostentarlo en mí y para mí mismo. Como premisa de ello, permitamos que la Biblia, Palabra de Dios, nos muestre esta poderosa verdad.

"[19]...Amarás a tu prójimo
Como a ti mismo." Mateo 19:19

"[30]... Este es el principal mandamiento.

[31]Y el segundo es semejante: *Amaras A tu prójimo como* *a ti mismo,* No hay otro mandamiento mayor que estos."

Marcos 12:30-31

"[19]...Amarás a tu prójimo
Como a ti mismo."
Romanos 13:9

Si usted no se ama a sí mismo, tampoco puede amar a nadie, pues la medida máxima de amor que puedo lucir a favor de mi prójimo es equivalente con la que a mi favor ostento, *¿Qué tanto se ama usted?*

Este amor que estoy comprometido a sentir a mi favor y que se traduce en sana *autoestima,* me obliga axiomáticamente a tener fe en mí.

A. ¡Positivos!

Dediquemos unos párrafos al término, que en el cumplimiento de nuestros sueños, en más de una ocasión nos compromete, ¡Debo ser positivo! Pero ¿qué significa ser positivo?

Ser positivos definitivamente no tiene nada que ver con muy cuestionables arengas que intentando adoctrinarnos bosquejan temáticas irrealistas, *"ver el lado positivo" "Mirar adelante" "Pensamiento Positivo" confesión positiva, visión positiva, etc.*

El mal enfoque del positivismo en repetidas ocasiones se ha convertido en arma letal para el que está o se siente superado por una determinada situación y en este sentido es importante destacar que sin dejar de ser realista se puede y se debe ser positivo.

Sucede que no siempre encontraremos vertientes positivas, *n*o todo tiene un lado positivo, pero todo si se puede afrontar en espíritu de aceptación, superación y reto, *todo se puede afrontar en actitud positiva.*

Es definitivamente utópico entender el positivismo desde la perspectiva del pensamiento como si fuéramos capaces de cambiar de forma de pensar como apretando un botón, es que la actitud positiva, no está relacionada con el pensamiento, ella está fuertemente vinculada con el disciplinado comportamiento y en tal sentido una actitud positiva estará comprometida con:

1. Una visión realista de los hechos y la capacidad para manejar eficazmente esa realidad.
2. Saber identificar el progreso, valorar los aun pequeños logros, disfrutar los pequeños detalles.
3. Entender y aceptar las incongruencias de los momentos difíciles, trabajar ardua y estratégicamente para superar.

Es que una actitud positiva implica ser realista, planificador, capacidad profunda para anticipándose a los inconvenientes que puedan surgir, superarlos; la aptitud positiva está fuertemente relacionada con el espíritu optimista, ella transforma los problemas en desafíos.

La actitud positiva desde el realismo busca soluciones y disfruta el reto, ella está más relacionada con el comportamiento que con la palabra.

La actitud positiva es una manera de comportarse, comprometerse y funcionar a favor de la eficacia, ser positivo camina de la mano con el realismo, la eficacia, el espíritu emprendedor, resistencia, afabilidad, cordialidad, empatía y espíritu divertido.

Ser positivo es entonces sinónimo de realista, pero emprendedor, inteligente, estratega en sus batallas personales, la vida sin compromisos no es vida, aprenda a sonreír a pesar de usted mismo eso también es ser positivo.

B. ¡Fe _en mí_!

Si al ser humano creado a imagen de Dios se le despojara de su equilibrada autoestima solo quedaría en su lugar un mueble.

Si al ser humano creado a imagen de Dios se le ponderara su autoestima aparecería en su lugar un monstruo, bestia insensible, capaz de autodestruirse y convertir nuestro bello planeta azul[46] en simple laboratorio de experimentación técnico mecanizada, antro de pecado y selva de los hombres.

En tal sentido, estamos llamados a realizarnos como muebles, monstruos o maravillosas criaturas de Dios ¡Particularmente prefiero la tercera opción, me creo ser la obra perfecta de un Dios perfecto!

Es que Dios no ha pactado con los muebles, tampoco con las maquinarias ni los animales, pero es usted amado lector la máxima expresión del amor y creatividad divina.

Usted tiene limitaciones y no tiene que ser diferente, ello habla de humanidad, también es inmensamente falible y propenso al yerro, ame, por tanto la diversidad y el trabajo en equipo. Muy frecuentemente y a pesar de usted mismo perderá autocontrol no sea demasiado severo por ello *"cuando ruge la tormenta es de humanos perder el equilibrio."*

Sea también persistente, descubra quien usted es y cuál su potencial inherente[47], sería ignominia[48], autotraición e inmadurez creerse incapaz de lograr el gol que previamente Dios le destino.

---

[46]   Los astronautas siempre describen la Tierra como "El Planeta Azul", debido a su color, y las fotos captadas desde el espacio lo demuestran. Los responsables de estas tonalidades son los océanos y los gases de la atmósfera, es decir, los dos componentes "externos" a la corteza terrestre. Cerca del 70 % de la superficie del planeta está cubierta de agua.

[47]   Dícese de lo que constituye un modo de ser intrínseco a un sujeto, y no una relación con otra cosa. Esencial, permanente, que no se puede separar de otra cosa. Que está fuertemente unido a algo por su naturaleza.

[48]   Ofensa pública que sufre el honor o la dignidad de una persona

Acepte como santo deber la autocritica, pero también el autoperdón, *no puede vivir recordando y sufriendo los pecados que Dios ya le perdono y sepulto en lo profundo del mar.* Está usted definitivamente comprometido con usted mismo en el cuidadoso seleccionar de su meta y visión, el debido respeto que debe a sus aspiraciones en honor a usted mismo.

El tiempo resultaría escaso para narrar los rotundos y escandalosos fracasos de los que en honor a una fe teórica visionaron el éxito, no bastó creer las promesas para triunfar, no es suficiente creer y asumir la incuestionable fidelidad del único y soberano Dios para hacerse acreedor del éxito, precisan las obras de tus manos.

¨17Sea la luz de Jehová nuestro Dios sobre nosotros, *Y la obra de nuestras manos confirma* sobre nosotros; *Sí, la obra de nuestras manos confirma.*¨ Salmos 90:17

"Éxito no es maná que cae del cielo, ni herencia milagrosa que traen algunos inherentes en la sangre, tras cada idea que cristaliza o persona que triunfa, existen millones de segundos, miles de minutos, cientos de horas robadas al placer y al descanso, éxito es sinónimo de esfuerzo y sacrificio. ¨

¡No sea fatalista, sea positivo y disfrute su preámbulo de victoria! Recuerde, el fracaso no es más que un nuevo paso en el camino al éxito inténtelo de nuevo. Todo triunfador tiene una dolorosa historia que contar y usted no es la excepción, *éxito es sinónimo de esfuerzo y sacrificio.*

Tenga fe en usted y en los recursos que Dios ya le ha dado comience a pronunciarse a favor de su visión y de sus victorias futuras, **sea positivo**, *éxito es sinónimo de esfuerzo y sacrificio,* jamás podrá conocer el valor de un milagro auténtico o una meta lograda hasta tanto tenga el arrojo de hacer público sus sueños y peticiones, ¡recuerde no es suficiente llevar el portafolio es muy importante también aparentarlo!

Vivimos un mundo globalizado y dolorosamente tecnificado, definitivamente anárquico y neurótico. En la mayor cantidad de las oportunidades es totalmente imposible cumplir las expectativas, nos hemos acostumbrado tanto a esta cultura computarizada, digitalizada e impersonal[49], que fallamos en cuanto a la capacidad de creer en el ser humano, creemos más en las maquinarias, en el plagio[50], en el mejor de los casos en lo artificial[51].

Nosotros mismos nos hemos perdido la confianza al punto de hacernos totalmente dependientes, es mucho más fácil caminar detrás del que parece un triunfador y aplaudirle a él, que alimentar la *autoestima* y el derecho a nuestros propios triunfos y merecidos aplausos. Es más sencillo pensar en los grandes que aceptar que yo también soy de los grandes, y solo preciso de:

a. *descubrir* mi visión

b. *esperar, identificar, aceptar y comprometerme en la lucha sin dobleces*

c. *alimentar profunda y efectiva "FE" en que "SÍ PUEDO LOGRARLO"*

---

[49] Que no posee ninguna característica que haga referencia a la personalidad de un individuo, sus ideas o sus sentimientos.

[50] Copia de una obra ajena presentada como propia. Copia que una persona hace de las ideas, las palabras o las obras de otra, presentándolas como si fueran propias.

[51] Que no es sincero, que es falso o fingido. Que no parece natural.

No estamos proponiendo nada nuevo escuche, en el apóstol Pablo las mismas resueltas convicciones de Fe y lealtad a una visión propia.

> *"²⁴Pero de ninguna cosa hago caso, ni estimo preciosa mi vida para mí mismo, **Con tal que acabe mi carrera con gozo...**" Hechos 20:24*

> *"¹³ Hermanos, yo mismo no pretendo haberlo ya alcanzado; pero una cosa hago: **olvidando ciertamente lo que queda atrás y extendiéndome a lo que está delante,** ¹⁴**prosigo a la meta, al premio...**" Filipenses 3:13- 14*

> *"¹³Todo lo puedo en Cristo que me fortalece." Filipenses 4:13*

En este principio de fe, en lo que soy y lo que puedo lograr, porque soy lo que Dios dice que soy y no lo que el mundo cree que soy, pasamos a la segunda dimensión de esta fé resuelta, luchadora y triunfante.

B). *Fe en Dios y su palabra empeñada*

Dios nunca le ha fallado a nadie, de fallarle a usted, sería la primer persona a la que Dios le fallara en toda la historia cósmica[52], su soberanía envuelve el universo en

a) Poder creador
b) Poder preservador y
c) Poder providencial

---

[52] Relativo al cosmos. Que se refiere a cualquier fenómeno u objeto relacionado con el universo físico.

¡Sin su soberana intervención, jamás lo habría logrado!

"Antes bien, como está escrito:
Cosas que ojo no vio, ni oído oyó,
Ni han subido en corazón de hombre,
Son las que Dios ha preparado para los que
le aman."
1 Corintios 2:9

Definitivamente, la soberanía de Dios rebasa los límites de la imaginación más fértil (1 Corintios 2:9) José en el palacio del faraón, David el pastor de ovejas convertido en Rey de Israel, la esclava Esther desplazando a la reina Vasti, Daniel sobreviviendo a los leones; es que Dios soberano disfruta levantando al pobre del polvo, y sacando al necesitado del muladar Sal. 113:7, su inmanencia irrumpe soberanamente para trascendentemente hacer de los primeros postreros y de los postreros primeros, honrar a los humillados y humillar a los exaltados (Sal.147:6-8) y en el incomprensible trueque que la finita criatura solo puede aportar una vara, Dios crea una letal serpiente que devora al exaltado (Exodo 4:2) o un simple manto en una poderosa explosión que divide las impetuosas aguas (2 Reyes 14), su soberanía provisora trueca cinco panecillos y tres peces, lo apenas imprescindible para la merienda de un obrero, en alimento rebosante para cinco mil personas (Lucas 9:14), es está la inmanencia de Dios soberano que irrumpiendo en la historia secular que hacemos, conocemos y vivimos la interrumpe y súbdita y ello en el único interés de honrar a los que le honran (1 Samuel 2:30) y bendecir a los fieles,(2 Crónicas 16:9) Dios soberano, humillando a los exaltados nos sorprende con la insospechada liberación, emancipados entonces del muladar, en finito estupor pasamos a ser el milagro de Dios, sin su soberana intervención, jamás lo habríamos logrado!

Es entonces muy de extrañar que su historia particular se escape de los grandes actos soberanos de Dios eterno.

Dios nunca ha cometido un solo error, él solo sabe hacer maravillas; es muy de extrañar que usted sea el primer error cósmico de Dios, Dios es definitivamente digno de confianza ¡Él es exageradamente FIEL!

Si usted se siente fracasado, frustrado, culpe por ello a su finita humanidad, *"cuando ruge la tormenta, es de humanos perder el equilibrio,"* culpe a su falta de fe, *(lealtad a su VISIÓN)* y de paso perdónese retomando la marcha, jamás *desista*, pero no culpe a Dios, pues su infinita y soberana fidelidad envuelven la creación.

Usted es el resultado de un beso divino y Dios siempre le será fiel, Dios es amor y ha decidido deleitarse en nosotros, sus finitas criaturas, representantes absolutos de su imagen y amoroso cariño (*Imago Dei), Dios es muy fiel.*

El *"Gol de Victoria"*, amigo lector no resultará únicamente de su sana, bien intencionada y persistente batalla, se precisa total *dependencia de la soberanía e iluminación divina*, amén del debido *contentamiento* y *disfrute* de la batalla, si carece de estos atributos personales usted no pasará de ser un amargado más, pues carecer de contentamiento y disfrute de... solo prodiga resentimiento y amargura!

El apóstol Pablo en su epístola a los romanos expone:

> *"28Y sabemos que* a los que aman a Dios, *todas las cosas les ayudan a bien*, esto es, a los que conforme a su propósito son llamados."*
> Romanos 8:28

Es bien singular la usanza del maestro y apóstol a los gentiles y su capacidad para exponer sus experiencias personales más vívidas.

La expresión *"Y Sabemos que..."* Aplaude las vivencias más versátiles de Pablo como parte del plan, concurso y fidelidad de Dios a su favor. El progresivo y sistematizado descubrir paulino del concurso de Dios en el peregrinar de su vida e historia personal y todo ello a favor de su gol de triunfo final.

"23¿Son ministros de Cristo? (Como si estuviera loco hablo.) *Yo más*; en trabajos *más* abundante; en azotes *sin número;* en cárceles *más*; en peligros de muerte *muchas veces*.

*24*De los judíos cinco veces he recibido cuarenta azotes menos uno.

*25*Tres veces he sido azotado con varas; una vez apedreado; tres veces he padecido naufragio; una noche y un día he estado como náufrago en alta mar;

*26*en caminos muchas veces; en peligros de ríos, peligros de ladrones, peligros de los de mi nación, peligros de los gentiles, peligros en la ciudad, peligros en el desierto, peligros en el mar, peligros entre falsos hermanos;

*27*en trabajo y fatiga, en muchos desvelos, en hambre y sed, en muchos ayunos, en frío y en desnudez;

²⁸y además de otras cosas, lo que sobre mí se agolpa cada día, la preocupación por todas las iglesias" 2 Corintios 11: 23- 28

"⁷Pero tenemos este tesoro en vasos de barro, para que la excelencia del poder sea de Dios, y no de nosotros,

⁸que estamos atribulados en todo, *mas no angustiados*; en apuros, *mas no desesperados*;

⁹perseguidos, *más no desamparados;* derribados, *pero no destruidos;*

*¹⁰llevando en el cuerpo siempre por todas partes la muerte de Jesús, **para que también la vida de Jesús se manifieste en nuestros cuerpos.***"
2 Corintios 4:7-10

Nuevamente y a la luz de tanto dolor atrévase a repasar, creer e interiorizar la lección que Romanos 8:28 nos regala en cuanto a la absoluta soberanía y fidelidad de Dios y su marcado interés divino en nuestra realización personal.

"²⁸Y sabemos que a los que aman a Dios, **todas las cosas** *les ayudan a bien, esto es, a los que conforme a su propósito son llamados.*"
Romanos 8:28

Observe, muy querido lector, la confesión póstuma de este definitivo y autentico triunfador apóstol, maestro, héroe y mártir de la cristiandad, atrévase a imitar tanta entrega.

"¹³Todo lo puedo en Cristo que me fortalece. "
Filipenses 4:13

Conclusión

He tenido la oportunidad de tratar con muchos cristianos fieles intensamente preocupados en el perdón de Dios, cuando en realidad son ellos los que nunca se han perdonado. Dios ya los perdono y eso es un absoluto, pero la falta de auto-perdón, autoaceptación y autoestima sana definitivamente ha limitado su capacidad para visionar, programar, perseverar y confiar.

Es de igual modo interesante descubrir hermanos con grandes potenciales, solo que ellos mismos nunca se han autodescubierto, sumidos en la autocompasión, auto-complacencia y el conformismo, jamás descubrieron su autóctono potencial y la vejez les alcanzo sin lograr el tan anhelado gol.

Se cuenta de un soldado que atrapado en fuego cruzado buscó refugio en una muy reducida caverna, el espacio limitado y estrés[53] del terrible momento le convidaban a la entrega. Pensando en su triste situación, notó una pequeña hormiga que se ocupaba en levantar un grano muchísimo más pesado que ella.

Nuestro soldado distrajo su atención contando cada vez que la hormiga falló en el intento, 75 veces, y 75 veces lo intentó de nuevo, en el 76 intento logró mover el luchado grano, este ejemplo le estimuló a ganar su propia vida.

Visión no es suficiente, usted necesita fe profunda, el tipo de fe que revoluciona el universo y lo compromete a usted

---

[53] Estado de gran tensión nerviosa, generalmente causado por un exceso de trabajo, que suele provocar diversos trastornos físicos y mentales. Situación en la que un organismo o alguno de sus órganos sufre presiones del medio o exigencias superiores a lo habitual, por lo que puede llegar a enfermar.

mismo inclinando el cielo a su favor *y para ello usted urge de ser positivo.*

Me es totalmente imprescindible destacar la relevante importancia de fusionar correctamente la fe en mí como criatura ética[54], saturada de un potencial delegado por Dios y mi fe totalmente dependiente de la soberanía preservadora y providencial de Dios.

Si usted cree tener profunda fe en la fidelidad de Dios, pero carece de la suficiente y sana *autoestima,* como para creer también en usted y *sabiamente soñar, visionar, y proyectarse*, entonces usted no pasa de ser un soñador fracasado y romántico.

A su vez, si su autoestima carece del equilibrio sano que le inclina a depender totalmente de Dios y contentarse en la batalla que le entrena para el disfrute tranquilo de su gol, entonces usted es solo un petulante, pretencioso, ególatra e inmaduro, no pasa de ser un fracasado y un resentido pues Dios es la razón primera y el motivo postrer.

El salmista perfectamente fusiona estas dos verdades al orar.

> ¨[17]*Sea la luz de Jehová* nuestro Dios *sobre nosotros, y la obra de nuestras manos confirma...*¨ Salmos 90:17

El salmo 90 que inicia con una meditación de tono didáctico o sapiencial (1-12) en los versos 13-17 eleva una súplica colectiva.

---

[54] Parte de la filosofía que estudia el bien y el mal relacionado con el comportamiento humano y con la moral. Conjunto de normas y costumbres que regulan las relaciones humanas de un colectivo.

En la meditación el autor contrapone la eternidad de Dios con la brevedad de la vida humana y orando pide a Dios una alegría tan prolongada como los años de aflicción.

Es bien interesante la comprensión que el salmista tiene del interactuar dinámico y comprometido bajo la cobertura de *"La Luz de Jehová"*

> [17] *"Sea la luz de Jehová* nuestro
> *Dios sobre nosotros"*

Pero esa "Luz de Jehová" se hará evidente al través de *"la obra de nuestras manos"*

"Y la obra de nuestras manos Confirma..." Salmos 90:17

Acepte el desafío de fe en la convicción plena de la fidelidad de Dios y su concurso a favor de un hombre que ha decidido jamás autotraicionarse. No quede atrapado en un ciclo de su vida, todos tenemos problemas, todos en algún momento debimos enfrentarnos con a) *abandonos emocionales y existenciales, b) rechazos, c) humillaciones, d) traición, todos hemos sido víctima de la e) injusticia, todos también hemos tenido f) miedo al compromiso, también en algún momento hemos sentido g) inconfeso desprecio hacia alguien* como resultado de perdidas inexcusables o inexplicables, todos debimos manejarnos con y en muchos conflictos, el resultado dependerá de su aptitud personal en medio de los conflictos, la soledad y las perdidas.

Sea fiel a su visión y cuando termine continúe siendo fiel y al final siga siendo fiel. "El Gol de Victoria" es derecho auténtico de los que persisten sin importar ni contar las caídas, porque cada batalla es oportunidad para una nueva experiencia y/o una nueva victoria.

El fracaso es solo la escuela en la que se registran y entrenan los fieles no tema jamás al fracaso relativo. Tema a no soñar, tema a no visionar, tema a perder su gran ¨Gol de Victoria¨, tema a no hacer nada útil, tema a no ser auténtico, "Sea fiel" y si en el ocaso de su vida debe reconocer no haberlo logrado, podrá también añadir la aclaratoria sentencia:

¡Pero siempre lo estuve intentando!

Capítulo No. 3
Descansando En La Cima

INTRODUCCIÓN:

Al hablar de descanso en la cima, el lector pudiera presuponer que nos referimos a alguna dimensión o estado de vida en el que la actividad, creatividad y disciplinada dinámica operativamente productiva sea definitivamente sustituida por el disfrute de lo ya acumulado, tal estado de vida es utópico, ilusorio, pernicioso, morboso, irreal, pues el ser humano es propio para la acción y la creatividad es innata a su naturaleza, *¡la vida sin desafíos no es vida!*

Pero al hablar de descanso en la cima inferimos la actitud serena, ecuánime y segura del que habiendo madurado durante el proceso mismo de su muy esperada cosecha, ha creado todas las condiciones pertinentes para jamás perder lo ya alcanzado.

Descansar en y con sus logros sin el temor que estos se tornen en sus verdugos es derecho de los que siempre se reservaron la prerrogativa de ser auténticos, pues ello habla de honestidad con usted mismo. Descansar en y con las metas logradas siempre será la mayor recompensa de los que jamás olvidaron sus raíces, sus héroes anónimos y su historia, pues ignorar la historia es estar condenado a repetirla.

Descansar en la cima es resultado lógico de los que al llegar resplandecen con la misma modestia, capacidad de equipo y espíritu altruista que siempre debieron tener, pues el egoísmo, la soberbia y la prepotencia jamás podrán proporcionar más que perdidas.

Si usted pretende triunfar anotándose un gran gol de victoria, procure no planificar un éxito egoísta, prepotente, solitario y tramposo, sea honesto, equitativo y transparente, tenga la capacidad de arrastrar a su equipo con usted, comparta sus aplausos con ellos como ellos compartieron en el fragor de la batalla con usted. La solidaridad, la tolerancia y el respeto le garantizarán un excelente descanso en su cima amen del pleno disfrute de su muy merecido gol.

Conozco muchos que lograron sus metas en medida remecida y apretada, coronaron todos sus sueños, sobrepasaron todas sus expectativas, lograron todas sus aspiraciones, pero jamás descansaron en la cima producto de la incongruencia, la carencia de autocontrol, autorespeto y moderación los llevo a muy imperceptiblemente destruir todo lo que habían construido.

Es que los seres humanos nunca estaremos estancados, en correspondencia con nuestro comportamiento ético, en correspondencia con nuestro entorno, en correspondencia con nuestra modesta reacción a… estaremos adelantando o atrasado, preservando o deteriorando, logrando o perdiendo.

Permítame presentar los objetivos de este 3er capítulo

Objetivos:

1. No basta llegar a la cima, *debe llegar íntegro,* el final no justifica los medios.
2. No basta llegar a la cima, *debe saber mirar el valle.*
3. No basta llegar a la cima, *debe saber descansar en ella.*

"*⁷He peleado* la buena batalla,
He acabado la carrera,
He guardado la fe.

⁸Por lo demás, me está guardada
La corona de Justicia…"
2 Timoteo 4: 7-8

1. El final no justifica los medios

Este concepto *de: "He peleado la buena batalla"* me resulta interesante. En demasiadas oportunidades la batalla por el éxito no es tan, buena por lo que no puede existir correspondencia entre el triunfo y *la corona de Justicia.*

Note el uso del artículo determinado *"la",* no ha dicho *"una corona de justicia"* porque no es una entre tantas, ella es única, la gana usted o la pierde. Todo éxito carente de su debida coronación engendra frustración, amargura, dolor, ello resulta en perdida, recuerde, hay victorias Pírricas[55]. La Vitoria de Pirro fue total, pero sufrió tantas bajas que pronuncio la histórica frase: "*¡Otra victoria como esta y volveré solo a casa!*".

Si se carece de la capacidad ética para calcular los costos físicos de la victoria y sus connotaciones en y para el equipo que a usted le sostiene, entonces usted no pasa de ser un céntrico ególatra o tal vez un asesino de valores, pero no un triunfador. El triunfo compromete, pero también involucrara a su precioso ejército en definitivo disfrute de los logros alcanzados. La victoria es un proyecto de vida a favor de su ejército personal, porque nadie puede planificar solo, nadie puede desplazarse estratégicamente solo, nadie puede pretenderse el triunfador solitario.

Por ello y mucho más usted no puede planificar victorias pírricas, calcule los costos físicos y materiales tanto como la perpetuidad de su equipo, también ellos tienen sueños, también quieren triunfar, ninguno de ellos pretende pasar a la historia como mártir de éxitos ajenos, haga héroes no mártires.

Regresar solo a casa no redunda en éxito, contar mártires no implica éxito, sentarse solo en la mesa tampoco es éxito, es egoísmo. Contar el tesoro personal a escondidas y carecer del orgullo de un equipo también triunfador no es éxito, *nuestros triunfos se traducen en insulto cuando nos impiden mirarnos*

---

[55] El nombre proviene de Pirro, quien logró una victoria sobre los romanos con el costo de miles de sus hombres. Se dice que Pirro, al contemplar el resultado de la batalla dijo "¡Otra victoria como esta y volveré solo a casa!" - Se aplica a la victoria o al triunfo que ocasiona un grave daño al vencedor y casi equivale a una derrota- Se aplica a la victoria o al triunfo que se consigue con muy poca ventaja sobre el derrotado & es una victoria ganada con tal esfuerzo, sacrificio, y perdida que no compensa la ventaja obtenida.

en el espejo ¡Haga héroes no mártires! ¡Si usted pretende usar inicie dejándose usar!

Tenemos una frase en el uso popular, *"El final justifica los medios"*, ello parece ser una licencia para en el camino a la realización de una visión aplastar todo lo que se encuentre a nuestro paso, de modo que al llegar a la cima su nombre en vez de "triunfador" parece ser el de "tirano", en vez de granjear los aplausos ha conquistado el terror y su éxito no está acompañado de coronación, nadie le puede aplaudir, carece de la química de la justicia y la flexibilidad y sus triunfos se convierten en insultos.

Repase conmigo Isaías donde leemos:

> "*⁸Entonces* nacerá Tu luz como el alba, y tu salvación se dejará ver pronto; e ira tu justicia delante de ti, para que la gloria de Jehová cuide tus espaldas, (paráfrasis) " *Isaías* 58:8

2. Debe saber mirar al valle

> "34Y salió Jesús y **vio una gran multitud**, Y tuvo **compasión** de ellos, porque eran como ovejas que **no tenían pastor**; y comenzó a enseñarles muchas cosas." Marcos 6: 34

En el verso 31 Jesús se está retirando con su equipo, sus discípulos, a un lugar apartado en el propósito de descansar, pero la perspectiva de liderazgo y compromiso de nuestro maestro rebasaba los límites del equipo personal, *su liderazgo estaba definitivamente comprometido con su equipo tanto como con la multitud de necesitados que garantizaban sus merecidos aplausos y gritos de hosanna.*

Tanto unos como los otros merecían su atención, solidaridad y respeto; ellos eran muchísimo más que un número de identidad o un cliente del día, eran sus seguidores y no podía defraudarlos mucho menos negociarlos.

Es que ni equipo ni seguidores son negociables, ellos valen mucho más que dinero, son mucho más que un número y aun cuando en más de una ocasión resulten incómodos, significan mucho más que un cliente.

Es por ello que Jesús interrumpe su merecido descanso a favor de la multitud, su multitud, ellos no habían perdido de vista a su maestro le siguieron, estaban enfocados y expectantes, es así como Jesús movido a compasión interrumpe su retiro para enseñarles muchas cosas.

Pero, además, *Jesús no solo les enseña* su visión del momento y la situación le impone el deber de, además de enseñarlos también alimentarlos.

La Biblia, palabra de Dios, nos informa de la alimentación a los cinco mil, pero en la cifra que la Biblia da *(como era costumbre entre los judíos)* no están contándose ni las mujeres ni los niños, ¡Estime ahora cuantos miles de personas debieron estar reunidas allí! Interiorice que Jesús interrumpe su descanso por ser movido a misericordia.

No basta llegar a la cima, debe saber mirar, honrar y respetar los que aun en el valle precisan de su atención y abrir no solamente la mano, sino también todo su corazón para ellos.

Si carece de multitud que le siga, entonces carece de credibilidad, y por tanto, de corona de liderazgo, si carece de compasión entonces no merece la cima, si carece de enseñanza práctica, comprometida y transformadora, entonces lo suyo no es éxito es cinismo, monopolio, egoísmo, ceguera, es *"victoria Pírrica"* nunca *pierda la capacidad de mirar al valle* también usted estuvo allí, en él está la multitud que le sigue,

a) respételos
b) enséñelos
c) motívelos
d) súplales sus necesidades

Eso es triunfo, esa es la verdadera siembra que produce poderosas y fructíferas cosechas.

3. Debe saber descansar en...

No basta llegar a la cima, debe saber descansar en ella.

Ningún líder podrá tener éxitos más grandes de lo que él mismo es, de modo que sus triunfos hablan de su propia capacidad y sus desaciertos le imponen el deber de replantearse y hacer los ajustes pertinentes.

Las gentes comunes prefieren buscar culpables y dar excusas les resulta más fácil para explicar sus fallas. Los triunfadores se saben responsables y en espíritu autocritico pueden hacer sanos ajustes *¡Los ganadores se echan la culpa a sí mismo, los perdedores culpan a los demás!*

Saúl: Pierde el trono por:

Inmadurez
Imprecisión
Infidelidad
Nerviosismo

Lot: pierde la compañía de Abraham por:

Inmadurez
Egoísmo
Inflexibilidad
Falta de elegancia.

Los tiranos en culto y pleitesía a la personalidad monopolizan, centralizan y corrompen el poder perniciosa y suspicazmente perpetuándose en él, los inseguros, los timoratos y los incapaces tienen a la enfermiza inclinación de siempre sentirse amenazados. Ellos no están condicionados para delegar nada, les atemoriza ser mejorados y suplantados.

Los facilistas no reparan en el uso indiscriminado de objetos y sujetos, pues para ellos el final justifica los medios. Los débiles y los inmaduros carecen de espíritu autocritico les atemoriza mostrar transparentemente que no son perfectos.

Los más han fallado en establecerse en el trono por centralismo totalitario, falta de capacidad organizativa, sensibilidad humana y abuso de autoridad. Puede estar seguro que en este momento de su vida ya no tiene que ser el hombre orquesta, más bien el director de la orquesta, en tal sentido la capacidad de establecimiento exitoso en su cima dependerá de su capacidad personal para conjugar cinco importantes verbos:

1. Discipular
2. Organizar
3. Delegar
4. Supervisar
5. Descubrir y preparar a su sucesor desde sus mismos inicios, usted no es eterno, pero puede perpetuar sus logros.

Son entonces sus valores humanos los que marcan la diferencia, ellos son vehículo de descanso para cualquier conquistador.

Importa el concepto que usted tenga de honor y grandeza, importa su capacidad de hacer ajustes, importa su ánimo para equilibrar justicia, tolerancia y misericordia, ello produce la química de la diversidad, el respeto y el agradecimiento que generan los grandes liderazgos. La intransigencia es propia de los tiranos y siempre provoca terribles situaciones.

Si usted desea fidelidad debe iniciar brindándola, en algún momento le será imprescindible la tolerancia, es bueno que inicie ganándosela.

Aprenda a diferenciar honor de capricho, liderazgo de tiranía, espiritualidad de caprichosa manipulación, su mejor equipo de trabajo estará entre sus amigos *y si usted no tiene amigos es porque nunca lo ha sido,* eso marca la diferencia entre el líder y el tirano, conquistador y asaltante, oportunista y visionario. Si usted desea descansar en la cima, inicie generosamente prodigando descanso a todos los que se encuentre a su paso, recuerde que con la misma medida con que medís, os volverán a medir (Lucas 6:37).

No basta llegar a la cima, debe saber descansar en ella, debe aprender a establecerse, debe visionar la perpetuidad de su visión sin sombras de egocentrismo ¡Eso siempre será soñar en grande!

Conclusión

Felicidades por el éxito es usted todo un triunfador, pero muy a pesar de usted mismo, sus raíces más autóctonas están aún en el valle, y su éxito tan rotundo resulta de héroes del anonimato, ellos quedaron en el valle jamás lo lograron, sembraron lo mejor que tenían en y para usted. *¿No serán materialmente recompensados por tanto altruismo, solidaridad y concurso desinteresado a su favor?*

Aprenda a respetarlos, sea solidario, altruista, y cooperador, aprenda a mirar al valle en correspondencia con tanta solidaridad y responda como corresponde, sea copartícipe y socorra, pues la falta de solidaridad siempre se paga. No sea manos cerradas, siembre lo mejor de usted, si bien usted no es eterno, su historia, éxitos y siembras si pueden perpetuarlo.

Mire incansable y altruistamente al valle, en algún momento usted también estuvo allá, anote a su favor el honor de ayudar a otros a alcanzar sus cimas y lograr sus goles, *permítales caminar junto a usted y no se moleste cuando le adelanten algunos metros más,* eso se lo debe a los héroes que a usted le ayudaron, también se lo debe a usted mismo.

Sepa enjugar las lágrimas de los en el valle, la falta de solidaridad siempre se paga, *sea solidario,* se asombrará de los grandes talentos que desesperan porque nunca tuvieron una buena oportunidad, ¡dele usted esa oportunidad!

En el valle encontrará grandes héroes, honorables y valerosos talentos que después de largos años de pujante batalla alguien, tal vez usted mismo, nuevamente los lanzo arruinando sus aspiraciones y destruyendo sus sueños, gentilmente inclínese en solidaridad y repare el daño causado, sea flexible, sepa disculparse sin discutir razones y rescátelos, actué con ellos como le gustaría que actuaran con usted, ¡eso es honor y gloria! Recuerde que usted quiere descansar en su cima y el único modo de lograrlo será acreditándose el intitulado de:

"...*Y serás llamado reparador de portillos,* *restaurador de calzadas para habitar.* "Isaías 58:12

Renunciar a descubrir sufridas ovejas, frustrados talentos o simplemente visionarios congénitos que en algún momento alguien en mejor posición, quizás usted mismo, golpeo brutalmente, pero aún persisten en soñar, implica perder su visión.

El valle y su compromiso con los que en él están le dignifican, pero además le prodiga la credibilidad necesaria para establecerse y hacer dinámica, operativa, creíble y altruista la visión que se dice tener.

Si sus sueños no dignifican y se desplazan a favor del humano, entonces usted no pasa de ser un insensible mueble. No se permita el incorregible insulto de la insensibilidad, sepa ayudar, pues ello sostiene su visión y definitivamente le establece a usted en su cima, también le regalará muchos héroes anónimos indispensables para todos los goles que usted necesitará anotarse, su verdadero y más solidario equipo está en el valle ¡Lógrelos!

Recuerde lo que para usted en la cima es toda una medicina, para los en el valle podría ser una enfermedad, lo que para usted reposo, para los otros una zozobra, lo que para usted calma, para su equipo en el valle una tormenta, ¡Mírelos!

No basta llegar a la cima, debe saber descansar en ella, debe aprender a establecerse, debe visionar la perpetuidad de su visión sin sombras de egocentrismo ¡Eso siempre será soñar en grande!

Desplazamiento a favor de la planificación

Muchos piensan que el éxito, la realización y la felicidad está siempre en el territorio vecino, pero la verdadera felicidad es definitivamente subjetiva e interna, no circunstancial. Ella resulta de la relación personal del hombre con el único y soberano Dios y el descubrir diario de mi realidad a conquistar en correspondencia con mi propia idoneidad, ¡Quién soy y para que soy!

Resulta, además, de la planificada, intencional e inteligente mesura[56] que una persona ostenta en pro de lo que ha decidido lograr, sus sueños más caros, en la más objetiva convicción de que para llegar a lo hermoso debemos pasar por lo no tan hermoso.

¡Es simple!, los límites de los sueños están en la mente, el poder para lograrlos está en el corazón y ello sin importar cuán humildes puedan ser sus raíces o historia personal; los límites de los sueños están en la mente, el poder para lograrlos está en el corazón.

No podemos ni tampoco debemos interpretar el éxito como evento aislado o acción casual predestinado a una elite social desde lo eterno seleccionada, no podemos ni debemos interpretar la cima como oráculo y monopolio, intrínsecamente privatizado, divinamente predestinado, y por tanto, inaccesible.

Tampoco queremos ni podemos interpretar "El Gol de la Victoria" cómo golpe de suerte carente de coherencia con la vida misma como un todo.

---

[56] Moderación, comedimiento.

Una visión clara de mí mismo será el primer paso a definir prioridades tan rotundas como cualquier axioma matemático, en el descubrir de quien soy y para que soy se establecen lo objetivo de mi visión tanto como los rieles de la fe, motor impulsor de la victoria.

"Éxito no es maná que cae del cielo, ni herencia milagrosa que traen algunos inherentes en la sangre, tras cada idea que cristaliza o persona que triunfa, existen millones de segundos, miles de minutos, cientos de horas robadas al placer y al descanso, *éxito es sinónimo de esfuerzo y sacrificio"*.

Éxito es el resultado lógico de una perfecta congruencia entre:

a. Visión

b. Fe en mi visión

c. Descanso lógico y equilibrado en los logros de mi visión

Éxito es el resultado normal de mi *autoaceptación* y *compromiso* con lo que en cuestión yo mismo soy, mi propio espacio, oráculo inviolable, imposible de profanar más que por mí mismo.

Solo nos resta aquilatar que es éxito según Dios, pues el vulgo asocia generalmente la palabra éxito con cuán grande es tu cuenta bancaria, cuál es la marca de tu automóvil, cuantas habitaciones tiene tu residencia, tienes piscina o jacuzzi, de qué diseñador tú vistes, cuáles son los restaurantes en que acostumbras tomar la cena y cuáles políticos conoces, qué llamadas podrías hacer para tener lo que quieres a tu alcance.

Definiendo la palabra éxito de esta manera podría hacerse incomprensible para muchos, por lo que no todos armonizarían con este modo de definirlo.

Sucede que los axiomas de Dios comúnmente nos sorprenden por estar en sentido contrario a nuestros principios. La manera y fórmula que el soberano usa para definir el éxito en repetidas oportunidades nos cuestiona, pero más de uno nos sabemos involucrados e identificados en esa definición de éxito según Dios.

Porque éxito según Dios, implica estar en el lugar que Dios quiere que estés, laborando como Dios pretende que labores y esperando lo que Dios quiere que tú esperes.

Éxito, según Dios es sentirme ser lo que Dios me dice ser y marcar los espacios y paradas justas que Dios pretende que respete. Éxito para Dios implica mirar y proyectarme al justo lugar que la biblia, palabra de Dios, marca como mi paradigma en una cosmovisión definitivamente comprometida con Dios rector de la historia, artífice y creador universal.

En este sentido de cosas, José traicionado y vendido por sus hermanos, difamado por la esposa de Potifar y además encarcelado era un triunfador, Elías en la cueva de Horeb era un triunfador, Jeremías en la cisterna también era un triunfador, Daniel en el foso de leones era un triunfador, el apóstol Pablo en la cárcel de Filipo era un definitivo triunfador.

Triunfo es entonces entender, comprender y aceptar, estar en el lugar justo que el proceso de Dios me impone estar, aunque ello sea un desierto ¡Puede que ese desierto sea el único contacto posible con la tierra prometida! Desdeñarlo implicaría perder la visión y postergar la promesa, pues el que no sabe sufrir, tampoco merece triunfar.

Propio de la finita humanidad que nos caracteriza, tenemos la tendencia de estigmatizar al siervo de Dios en correspondencia con yerros circunstanciales, parangones psicosociales, y prejuicios de pedestal que en el tiempo y la limitada comprensión que tenemos de lo soberano formatean negativamente nuestros criterios tanto como nuestros paradigmas incapacitándonos para visionar un mañana triunfador como premio al ente hoy atribulado.

¡Nuestra finita explicación para un *Jacob – Israel, José – gobernador* o *Esther – Reina* no sobrepasa los límites de la circunspecta y muy gastada retórica de "! ¡La Vida Gira!" nos resulta utópico alterar clichés para el que en alguna ocasión nos mereció réproba reprimenda o aceptar en el trono al que ayer supimos en el valle, sabernos superados por el siervo que cooperamos en derribar y circunstancialmente destruir.

Sucede que la vida e historia del hombre de Dios para nada gira, ella no es viciada y encíclica, la vida e historia de hombre de Dios es definitivamente lineal, de girar sería insuperable, pero siendo recta va derecho a la meta desde la eternidad preconcebida y ello muy a pesar de...

Sucede que la bendición de Dios sobre un siervo, cualquiera que este sea, no depende de hechos aislados, criterios particulares o concepciones personales, *la bendición de Dios sobre un siervo dependerá de una historia hecha amén de una vida vivida, no de hechos aislados.*

Sucede que el hombre de Dios oscila entre dos dimensiones, "Victorias y Derrotas, Derrotas y Victorias" el mismo Elías que había hecho descender fuego del Cielo, poco después le vemos más que huyendo de Jezabel, deseando morirse, 1 Reyes 19:4-8, el mismo Pedro que valientemente desenvaina la espada Juan 18:26, poco después niega Juan 18:27; es que el hombre de Dios oscila entre dos dimensiones, "Victorias y Derrotas, Derrotas y Victorias" pero ello no altera el parangón posicional en y para el que Dios le está preparando, ¡ Recto al Premio!

Sucede que Dios premia intenciones, no acciones, historia hechas, no aislados circunstanciales, porque Jehová no mira lo que mira el hombre; pues el hombre mira lo que está delante de sus ojos, pero Jehová mira el corazón 1 Sam 16:7 entender y agradecer tal soberanía de Dios es madurez, reverentemente aceptarla resulta en liderazgo.

Prepárate entonces y disfruta al máximo el lugar y la posición donde estás, ello será tu transporte al futuro, pues la excelencia es solo posible después de una muy agotadora práctica y la historia se hace cómplice de Dios para bendición del sacrificado sufriente, es que todo en la vida es una lección, todo es una escuela, todo es parte de un proceso, el tiempo dará el anhelado triunfo.

Solo lucha, no te rindas, jamás te amargues, los enemigos de hoy pudieran ser los mejores amigos de mañana, el que hoy te subestima podría ser el que mañana te bendice, y aplaude, camina, ¡lo haces por ti y solo precisas de la ayuda de Dios y tu entereza para jamás desistir!

¡Éxito, posición, y logros siempre serán sinónimos de mucho esfuerzo e intenso sacrificio!

Dr. Rvdo. Daniel González Álvarez.
Todos los derechos reservados,
Email: a_danielgonz@yahoo.com

Autor: Dr. Rev. Daniel González Álvarez
Pastor y Conferencista
Para información de cátedra y conferencias
disponibles acerca de este y otros temas contacte a:
a_danielgonz@yahoo.com
956-274-5480
¡Dios le bendiga!

Printed in the United States
by Baker & Taylor Publisher Services